EBERHARD SCHMITT

Einführung in die Geschichte der Französischen Revolution

W0035766

VERLAG C. H. BECK MÜNCHEN

Mit 1 Karte im Text

CIP-Kurztitelaufnahme der Deutschen Bibliothek

Schmitt , Eberhard
Einführung in die Geschichte der Französischen
Revolution. – 1. Aufl. – München: Beck, 1976. –
(Beck'sche Elementarbücher)
ISBN 3 406 06459 0

ISBN 3 406 06459 0

Umschlagentwurf: Walter Kraus, München
© C. H. Beck'sche Verlagsbuchhandlung (Oscar Beck), München 1976
Satz und Druck: Georg Appl, Wemding
Printed in Germany

Inhalt

Vorbemerkung

Die Absicht dieses Bändchens ist eine doppelte. Es geht darum, das Studium der welthistorisch bedeutsamen Epoche der Französischen Revolution nach Möglichkeit zu erleichtern sowie Grundorientierungen für den Fall einer wissenschaftlichen Weiterbeschäftigung mit der Geschichte dieser Revolution zu geben.

Für beides, für das Studium wie für den Ansatz zu selbständig forschender Tätigkeit, sind Informationen über die neuere Forschung und ihre Ergebnisse erforderlich, über ihre Tendenzen, ihre Kontroversen und die umfangreichen Lücken, die diese Forschung noch immer gelassen hat. Daneben scheint ein Überblick über die periodischen Fachpublikationen, über einschlägige Handbücher und Nachschlagewerke, über im Gang befindliche Quelleneditionen, über Forschungsgremien und personelle Zusammenschlüsse spezialisierter Revolutionshistoriker sowie über die wichtigsten einschlägigen Bibliotheken und Archive sinnvoll und vonnöten zu sein.

Dies gilt umso mehr, als der Bereich der Revolutionshistorie auch für den ständig das internationale Schrifttum verfolgenden Wissenschaftler allmählich unüberschaubar geworden ist. So umfaßt zum Beispiel die Forschung über die Revolution von 1789 allein seit dem Ersten Weltkrieg rund 40000 Einzeltitel (Glossen, Miszellen, Aufsätze, Monographien, Synthesen, Quellenpublikationen) in allen wichtigen modernen Sprachen – nicht einbezogen in diese Zahl ist die große Menge von populären Darstellungen, von historischen Essays und Romanen, die gar nicht zu erfassen ist.

So ist leicht zu begreifen, daß der enorme Umfang der neueren wissenschaftlichen Publikationen jede eingehendere Beschäftigung mit dem historischen Gegenstand „Französische Revolution" erheblich erschwert.

Zu dieser Behinderung, die sich aus der ständig zunehmenden Quantität der wissenschaftlichen Produktion der Revolutionshistorie ergibt und überdies aus der Vielzahl der Sprachen, in denen sich diese Disziplin ausdrückt, kommen zwei weitere Erschwernisse für den am Gegenstand „Französische Revolution" Interessierten: die erste besteht in dem Umstand, daß heute keine wissenschaftliche Bibliothek (von Volks- und Stadtbüchereien ganz zu schweigen) mehr die finanziellen Mittel aufzubringen vermag, um das gesamte Spektrum der jährlichen Neuerscheinungen zu erwerben und für den interessierten Leser zugänglich zu halten, und die zweite liegt in der Tatsache, daß die Revolutionshistorie trotz aller sachlichen und methodischen Differenziertheit, die sie inzwischen erzielt hat, nach wie vor unter einer beträchtlichen ideologischen Zerrissenheit leidet. Auch hier scheinen sachliche Zuordnungen, Hinweise auf tagesaktuelle politische Bezogenheiten mancher wissenschaftlicher Arbeiten sowie Erläuterungen zu einigen wichtigen Konzeptualisierungsversuchen der neueren Revolutionshistorie angebracht zu sein.

Der im folgenden zu gebende Überblick stellt dabei den Versuch dar, aus der Sicht des vergleichenden Strukturhistorikers die Schwerpunkte, die Hauptergebnisse, die Kontroversen und die Desiderata des heutigen Forschungsbetriebs der Revolutionshistorie knapp zu umreißen und darüber hinaus Hilfsmittel für Studium und Forschung zu benennen. Im Rahmen dieses Überblicks konnte bei weitem nicht alles, was wissenswert und diskussionswürdig ist, behandelt werden. Für weitere Auskünfte steht der Verfasser jedoch gern persönlich zur Verfügung.

Prof. Dr. Eberhard Schmitt
Abt. für Geschichtswissenschaft
Ruhr-Universität Bochum

I. Abgrenzung und Einteilung der Epoche der Französischen Revolution

Der Terminus „Französische Revolution" bezeichnet eine Epoche der französischen Geschichte, in deren Verlauf infolge einer Reihe gewaltsamer Ereignisse eine grundlegende Umstrukturierung der politischen, sozialen, wirtschaftlichen und kulturellen Verhältnisse Frankreichs herbeigeführt wurde. Über die historische Tragweite dieser Umstrukturierung besteht in der Geschichtswissenschaft weitgehend Übereinstimmung. Danach stellt die Französische Revolution die erste und bedeutsamste Zeitspanne im Verlauf des Übergangs des Staatsführungsmonopols von der alten, in den Rechtsgewohnheiten der Feudalzeit wurzelnden Aristokratie auf die neue, im Verlauf des 18. Jahrhunderts selbstbewußt gewordene soziale Schicht des Bürgertums dar und damit das unwiderrufliche Ende des Mittelalters. Hatten Jahrhunderte hindurch der Nachweis der Ahnenreihe und eines aristokratischen Lebensstils den Weg zu Amt und Würden geebnet, so wurden sie nunmehr ersetzt durch die der Vernunft plausibleren Qualifikationen Besitz und Bildung. Daraus ergab sich eine Fülle weitreichender Konsequenzen, die sämtliche Lebensäußerungen der französischen Nation betrafen, darüber hinaus jedoch auch intensiv auf die Politik Europas wirkten und Einfluß auf das gesamte konstitutionelle Leben des 19. und 20. Jahrhunderts gewannen.

Sowohl aus ereignis- wie aus strukturgeschichtlicher Sicht läßt sich die Epoche der Französischen Revolution in mehrere Phasen einteilen:

a) Eine unmittelbar vorbereitende Zeitspanne, in deren Verlauf sich die Krone infolge des Teilstaatsbankrotts vom August 1788 selbst aus dem politischen Machtkampf ausschaltete, in der sodann anläßlich der Wahlen zu den Generalständen von 1789 fast alle später konkurrierenden Programme, Zielsetzungen und Aktionen formuliert bzw. intendiert wurden, wird heute durchweg mit Jean Egret die *Phase der Pré-Révolution* (1787–88) genannt. An sie schließt die erste der beiden eigentlichen revolutionären Phasen an: b) die *Phase der Errichtung der konstitutionellen Monarchie* bzw. der *Révolution bourgeoise* oder *Révolution de la Liberté* (1789–1792), deren wichtigste Zeugnisse die

„Erklärung der Menschen- und Bürgerrechte" vom 26. August 1789
und die erste geschriebene Verfassung Frankreichs vom 3. September
1791 sind; in dieser Zeitspanne erfolgte die alle Bereiche des öffentlichen Lebens erfassende Umstrukturierung Frankreichs von der ständischen Monarchie zum modernen konstitutionellen Einheitsstaat.

Diese Phase wird abgelöst durch c) die *Phase der Konventsherrschaft*
der Girondisten und Jakobiner (1792–94), die in Analogie zum vorhergehenden Zeitabschnitt häufig *Révolution démocratique* oder *Révolution de l'Égalité* genannt wird. Sie umschließt in ihrer zweiten Hälfte
die Diktatur des Wohlfahrtsausschusses (*La Terreur* von September
1793 bis Mai 1794, *La Grande Terreur* im Juni/Juli 1794) unter Robespierre und Saint-Just, die am 9. Thermidor des Jahres II (27. Juli 1794)
zusammenbrach; diese Phase stand unter dem beherrschenden Einfluß
des Krieges, den Frankreich seit 1792 gegen Europa führte (*Levée en
masse* im August 1793), dabei wirkte die außenpolitisch angespannte
Lage zurück auf den radikalen Abbau des zensitären Verfassungsstaa-
tes, gleichzeitig setzten sich vorübergehend die wirtschaftlichen, sozialen und politischen Ansprüche der Sansculottenbewegung durch. Mit
dem Ende dieser Phase sieht eine Reihe von Historikern die Revolution als abgeschlossen an. Die meisten Autoren beziehen jedoch d) die
Phase der *bürgerlichen Republik* oder *bürgerlichen Restauration*
(1794–99) in die Gesamtepoche mit ein, die unter der Direktorialverfassung (ab 1795) im Inneren die Wiederherstellung des Rechtsstaats
und der Zensusdemokratie und außenpolitisch die europäische Hege-
monialstellung Frankreichs brachte. Dagegen ordnen wenige Historiker e) die *Ära Napoleon Bonapartes* (1799–1815) der Französischen
Revolution zu, wenngleich eine Reihe von unterschiedlichen Gesichtspunkten dafür sprechen, die gesamte Zeitspanne von 1787–1815 als
Einheit zu sehen.

II. Grundzüge der Debatte
um die Französische Revolution

a) Die Französische Revolution – ein Muster für eine weltanschaulich-ideologisch geprägte Geschichtsschreibung

Unter den Umsturzbewegungen der Neuzeit hat keine Revolution die zeitgenössische Tagesmeinung stärker beschäftigt und in der Folge die Wissenschaft zu parteilicheren Stellungnahmen veranlaßt als die Französische Revolution. Naturgemäß hat sie von Anfang an in Frankreich und in der übrigen Welt starke Emotionen geweckt, hat ebenso Ablehnung wie Glorifizierung erfahren. Diese Frontenstellung aus den Jahren 1789–1799 – hier die Gegner, dort die Anhänger der Revolution – blieb das ganze 19. und beginnende 20. Jahrhundert hindurch erhalten und prägt in Frankreich selbst die politische Szenerie bis heute in einem starken Maße. Man kann wohl – hierin Herbert Lüthy folgend[1] – sagen, daß diese Revolution so etwas wie das nationale französische Trauma geworden ist. Denn an ihrer Beurteilung scheiden sich die Geister der Nation – zumindest der geschichtsbewußten Teile der Nation – weitgehend bis in unsere Tage hinein.

Diese Revolution ist in der französischen Öffentlichkeit von Anfang an recht vereinfachend mit den Vorgängen während der Jakobinerherrschaft gleichgesetzt worden. Gleichzeitig hat die Beschwörung dieser Jakobinerherrschaft als der vermeintlichen Inkarnation aller Revolutionsbestrebungen in den letzten gut anderthalb Jahrhunderten jedoch vorwiegend eine tagespolitische Funktion gehabt: sie hat als Auslöser für politische Grundsatzdiskussionen gedient, als Katalysator für unzählige Auseinandersetzungen zwischen Reaktion und Fortschritt, zwischen Klerikalen und Antiklerikalen, zwischen Rechten und Linken. In der jeweiligen Wertung der Revolution artikulierte sich so die jeweilige Haltung zur Republik.

---

[1] Herbert Lüthy: Frankreichs Uhren gehen anders. Zürich-Stuttgart-Wien ¹1954, ⁴1958, S. 31. Ähnlich Ernst Fraenkel: Strukturdefekte der Demokratie und deren Überwindung. In: Deutschland und die westlichen Demokratien. Stuttgart ¹1964, ⁴1968, S. 48–68, S. 50.

Dabei ist die Revolution in der öffentlichen Meinung Frankreichs seit jeher ein geschlossenes Ganzes gewesen, sozusagen ein „Block" – nach dem vielzitierten Wort Clemenceaus von 1897: „La révolution est un bloc" –, der zur politischen und moralischen Stellungnahme herausforderte, und das hat zur Folge gehabt, daß dieser ganze Komplex niemals – wie andere Gegenstände der Neueren Geschichte – ausschließlich zum Diskussionsstoff der akademischen Historie wurde.

Der Fachhistoriker der Revolution in Frankreich ist, ganz im Gegensatz zu vielen anderen Neuzeithistorikern, mit seiner ganzen Wissenschaftlerexistenz in die politische und geistige Situation seines Landes eingebunden. Er hat insofern oftmals über das gewöhnliche Maß des Metiers hinausgehende Schwierigkeiten, Distanz zu seinem Forschungsgegenstand zu finden, der gleichzeitig auch immer ein Politikum ist. Umgekehrt wirkt in der Regel jede Ausführung eines französischen Historikers über diese Revolution unmittelbar in die in diesem Punkt sehr empfindliche Öffentlichkeit hinein, gewinnt so unabhängig von ihrer wissenschaftlichen Qualität, unabhängig von der kritischen Urteilsfähigkeit ihres Autors rasch den Charakter eines politischen Bekenntnisses und gerät so in Gefahr, zum tagespolitischen Argument deformiert zu werden.

Diese Verstrickung der wissenschaftlichen Debatte in die jeweils aktuelle politische Diskussion hat, wie anders gar nicht zu erwarten war, zu heftigen Auseinandersetzungen der verschiedensten Revolutionsinterpreten geführt, zu endlosen Polemiken und Rechtfertigungen, mitunter zu regelrechten Versuchen, die Quellen nachträglich im Sinne einer bestimmten Deutung zu fälschen: wie ein roter Faden ziehen sich intime Feindschaften zwischen weltanschaulich und ideologisch festgelegten Fachspezialisten durch die Geschichte der Geschichtsschreibung der Französischen Revolution, durch jene „Diskussion ohne Ende", wie sie der niederländische Historiker Pieter Geyl einmal genannt hat[2]. Es liegt auf der Hand, daß die unter solchen Bedingungen geführte Gesamtdebatte um die Französische Revolution notwendig die weltanschaulich-ideologischen Positionen der beiden letzten Jahrhunderte spiegelt.

[2] Pieter Geyl: Die Diskussion ohne Ende. Auseinandersetzungen mit Historikern. Darmstadt 1968.

b) Überblick über die bisherige Historiographie

Während der bourbonischen Restauration lag über der ganzen Epoche der Französischen Revolution ein Tabu. Als erster durchbrach es 1823 L. A. Thiers, der aus der Sicht des liberalen Großbürgers eine zusammenhängende Schilderung der revolutionären Umwälzungen gab. Diese noch aus Augenzeugenberichten geschöpfte Darstellung wurde 1824 durch das Werk des ebenfalls liberalen F. Mignet ergänzt, der sich stärker mit der revolutionären Ideenwelt beschäftigte. Die erste historische Behandlung erfuhr die Französische Revolution 1837 durch den Schotten Th. Carlyle, der seinen Gegenstand in eine Reihe literarisch packender, aber aus dem Geist der Romantik erschaffener Episoden und Szenen aufgliederte. Weitere romantisierende Gesamtdarstellungen stammen von A. de Lamartine, J. Michelet und L. Blanc, deren Werke 1847, unmittelbar vor der Februarrevolution von 1848, zu erscheinen begannen. Sie waren alle aus dem Geist der Opposition gegen das Julikönigtum heraus verfaßt: Lamartines Werk als Verherrlichung der Montagnards, Michelets Arbeit als Mythos vom *guten Volk,* das in der Französischen Revolution seine Ketten zerbrochen habe, Blancs Darstellung als erste im Ansatz sozialistische Interpretation, die in der relativ kurzen Phase der *Terreur* – wie später K. Marx – die Vorstufe einer neuen Gesellschaftsform sah.

Nach der gescheiterten Revolution von 1848 begann dann eine neue Phase der Revolutionsinterpretation, die der *Desillusionierten.* Als erstes Werk dieser Art erschien 1853–79 die „Geschichte der Revolutionszeit" von H. von Sybel, gleichzeitig die erste wissenschaftliche Darstellung der diplomatischen Vorgänge der Epoche. A. de Tocquevilles „L'Ancien régime et la Révolution" (1856) setzte dann völlig neue Maßstäbe. Dieser Autor kam nach jahrzehntelangen Studien zu dem Ergebnis, daß die meisten Entwicklungen, die man der Französischen Revolution zuschrieb, bereits im *Ancien régime* angelegt und teilweise sogar schon verwirklicht gewesen seien, vor allem auf dem Sektor der administrativen Maßnahmen. Die 1865 erschienene Darstellung des Protestanten E. Quinet führte die Französische Revolution auf das Scheitern der Reformation in Frankreich zurück.

Eine weitere bedeutsame Phase der Revolutionsinterpretation setzte mit der Entstehung der III. Republik ein. H. Taine (1876) verurteilte – vom Standpunkt des französischen Konservativen aus – als erster Autor die Französische Revolution, indem er die Mißhelligkeiten der

Gegenwart ausschließlich auf die Revolution zurückführte, besonders auf den *esprit classique*, d. h. auf eine dem französischen Denken geläufige Neigung, politische und soziale Probleme abstrakt und generalisierend zu lösen. Taine zu widerlegen unternahm der Republikaner A. Aulard, der als erster Professor den 1885 geschaffenen Lehrstuhl für Revolutionsgeschichte an der Sorbonne einnahm. Aulard (1901) schuf den Mythos vom *guten Danton* und machte den Gegenspieler Robespierres so zum Nationalhelden der III. Republik. Er begeisterte sich besonders für die republikanisch-laizistische Phase der Revolution, die er in zahlreichen Werken behandelte.

Seit Aulard haben sich die Interpretationen der Französischen Revolution in zahlreiche Richtungen aufgespalten. J. Jaurès verfaßte 1901–04 die erste konsequent sozialistische Interpretation. Er führte die Französische Revolution auf Klassengegensätze zurück. Die posthum erschienenen Arbeiten von C. Cochin (1924, 1925; verfaßt 1904–14) machten die sog. *Sociétés de Pensées* für den Ausbruch der Revolution verantwortlich. Mit A.Mathiez, G. Lefebvre und A. Soboul erstanden in der Zeit nach dem 1. Weltkrieg drei überragende sozialistische Interpreten in der Nachfolge von Jaurès, deren Schule einer an den Quellen modifizierten marxistischen Interpretation inzwischen in Frankreich vorherrschend geworden ist (C.-E. Labrousse, M. Reinhard, M. Bouloiseau, J.M. Thompson, G. Rudé, R. Cobb, M. Vovelle, C. Mazauric, R. Robin). Daneben traten ideengeschichtlich orientierte (P. Sagnac), strukturanalytische (J. Godechot), bonapartistische (L. Madelin) und neo-royalistische (P. Gaxotte, O. Aubry) Gesamtdarstellungen. Gelegentlich objektiver, weil aus neutraler Distanz verfaßt, sind die zu einer Synthese der verschiedenen Auffassungen neigenden Gesamtinterpretationen vor allem amerikanischer und englischer Historiker (C. Brinton, L. Gottschalk, L. Gershoy, A. Goodwin, R.R. Palmer, E.J. Hobsbawm, M.J. Sydenham). Eindringliche Versuche einer sozialgeschichtlichen Interpretation der Französischen Revolution unternahmen in den letzten Jahrzehnten A. Cobban, N. Hampson und zuletzt F. Furet und D. Richet. Eine Systematisierung der revolutionären Gedankenwelt in Form einer Philosophie des Typus der *bourgeois* hat aus marxistischer, von Dilthey beeinflußter Sicht B. Groethuysen gegeben. Daneben nehmen sich die übrigen Interpretationsbemühungen der internationalen Historie bescheiden aus. Zu erwähnen sind davon die Darstellungen des konservativen Engländers J.E.E.D. Acton (1910; verfaßt 1895–99), des Italieners G.

Salvemini (1905), des russischen Anarchisten P.A. Kropotkin (1893), des in die Schweiz emigrierten Italieners G. Ferrero (1951; verfaßt 1940–42), des Sowjetrussen A.Z. Manfred (1950), des konservativ-liberalen Deutschen M. Göhring (1950–51) und des marxistisch-leninistischen Deutschen W. Markov (zusammen mit A. Soboul 1974).

Daneben hat fast jeder kleinere Sektor der Revolutionsgeschichte seine Spezialbearbeiter, deren Einzelforschungen erst die Mosaiksteine ergeben, aus denen sich das Bild der Gesamtrevolution zusammensetzt. Diese Forschung unterhalb der Ebene der Gesamtinterpretation hat seit etwa einem halben Jahrhundert zu beachtlicher Sachlichkeit und Vorurteilslosigkeit gefunden. Sie hat allein seit Ende des Ersten Weltkrieges rund 40.000 Einzelstudien (Monographien, Artikel, Miszellen, Quelleneditionen) hervorgebracht. Aus zahlreichen dieser begrenzten Untersuchungen haben sich bahnbrechende Forschungsansätze ergeben, die fruchtbar auf neue Beurteilungen bestimmter Phänomene der Französischen Revolution wirkten und darüber hinaus häufig neue Perspektiven bei der Behandlung anderer Epochen eröffneten. Von dieser Ebene der Revolutionsgeschichtsschreibung gehen heute so gut wie alle Neuinterpretationen der Französischen Revolution aus.

c) Die konservative Interpretation

Unter den Hauptströmen der Revolutionsinterpretationen bildet – neben der liberalen Deutung der Ereignisse – die konservative Kritik die älteste Schule. Entsprechend einer im konservativen Lager verbreiteten Neigung, unter Berufung auf traditionelle, empirisch und transzendental fundierte Wertmaßstäbe bei konkretem Anlaß punktuell Kritik zu üben, setzte die entsprechende Kritik an der Französischen Revolution sofort mit deren bürgerlichem Beginn, d.h. mit dem 17. Juni 1789 ein. Unter den verschiedensten ablehnenden Gesichtspunkten wurde sie zunächst von den konservativen Sprechern der *Assemblée nationale constituante* (Cazalès, Lally-Tollendal, Abbé de Maury) vorgetragen. Sie äußerte sich in periodischen Veröffentlichungen (Mercure de France) und in zahlreichen Einzelschriften, die ab Herbst 1789 zunehmend aus Emigrantenkreisen kamen. In der Periode zwischen der Gefangensetzung und dem Tod Ludwigs XVI. (1792/93) und der Wiedereinsetzung der Bourbonen (1814/15) kam diese konservative Kritik zwangsläufig aus dem Ausland, ob sie nun von Franzosen, Engländern oder Deutschen stammte; meist stand sie in direkter oder indirekter Beziehung zu den außenpolitischen Verwicklungen, die sich durch die Revolutionskriege seit 1792 ergeben und die das europäische Staatensystem von Grund auf verändert hatten.

1. Den Anfang hatte bereits im Herbst 1790 der Ire E. Burke mit seinen „Reflections on the Revolution in France and on the Proceedings in Certain Societies in London Relative to That Event" gemacht, die bis zum Erscheinen der systematischen Zurückweisung der Französischen Revolution durch Taine die radikalste Infragestellung der revolutionären Prinzipien, Ereignisse und Ziele überhaupt darstellten. Burkes Fundamentalkritik wurde bemerkenswerterweise bereits drei Jahre vor der Zeit der *Grande Terreur* und damit vor dem Höhepunkt der Revolution verfaßt. Dennoch fiel sie so scharf aus, als sei die Jakobinerherrschaft schon damals Realität gewesen. Burkes wichtigster Kunstgriff ist fast aller konservativen Kritik gemeinsam: Er zeichnete zunächst ein rosiges Bild der Epoche vor 1789. Hiernach besaß das französische Königreich des Ancien régime eine gute, ausgewogene Verfassung, deren zuverlässige Hüter die Parlamente (die obersten Gerichtshöfe) waren; es hatte einen tugendsamen, tapferen Adel, einen sittenstrengen Klerus und ein fleißiges, bescheidenes Volk. Alles Unheil habe erst am 17. Juni 1789 mit der Erklärung des *Tiers-État* zur *Assemblée nationale* begonnen. In dieser Nationalversammlung hätten skrupellose Advokaten den Ton angegeben. Ehrgeizig und ohne Respekt vor der Würde des Monarchen hätten sie Zug um Zug die tragenden Säulen der alten Verfassung gestürzt und ihr eigenes lärmendes Regime errichtet, darauf ausgerichtet in rationalistischer Gleichmacherei die menschliche Natur und die Erfahrungen der Geschichte zu vergewaltigen. Da Burke die Verhältnisse des alten Frankreich und der Revolution bis 1790 im großen und ganzen nur aus Berichten von Emigranten und ihnen nahestehenden Kreisen kannte, waren seine Vorstellungen einseitig geprägt. Seine Geschichtsdeutung ist daher dank falscher Prämissen fehlerhaft und fragwürdig; Burke weiß nichts von der das *Ancien régime* blockierenden Opposition der Parlamente, er weiß nichts von den Vorgängen der Pré-Révolution, vom Finanzgebaren der Krone und dem schließlichen Staatsbankerott, von der diffamierenden Zurücksetzung des *Tiers-État,* der Korruption in der Verwaltung, der Frivolität am Versailler Hof, der allgemeinen Bevölkerungsexplosion und dem überall fühlbaren Preisanstieg für Lebensmit-

tel in den Jahren 1787 bis 1789. So steht er fassungslos vor einer Kette von Ereignissen, die er mißbilligt, weil sie seinen politischen Überzeugungen zuwiderlaufen.

Burkes Deutung ist der Ausgangspunkt der englischen konservativen Interpretation der Französischen Revolution durch das ganze 19. Jahrhundert hindurch bis zur Gegenwart (D. W. Brogan) geblieben. Ihr tieferer Grund ist von Burke bis heute ein tiefverwurzelter Respekt vor altüberkommenen, gewachsenen Ordnungen im Bereich des Politischen, demgegenüber die Französische Revolution das Prinzip der willkürlichen Veränderung und der Machbarkeit politischer und sozialer Ordnungen verkörpert.

2. Ein ähnlicher Ausgangspunkt läßt sich auch für die erste konservative Kritik der französischen Emigranten festhalten. Schon 1789 wurde die inzwischen vielfach wiederholte, bis heute nicht aus Quellen belegte *Konspirations*- oder *Komplotthese* geboren, nach der eine Reihe geheimer Zirkel der Illuminaten, Freimaurer und Jakobiner die Französische Revolution schon Jahre im voraus minutiös geplant und dann 1789 verabredungsgemäß herbeigeführt habe (Comte de Ferrand, Abbé Barruel, Abbé Duvoisin). Über die Vordergründigkeit dieser These ging dann allerdings die legitimistische Staatstheorie der Bourbonenrestauration rasch hinaus, die durch die Namen de Maistre, de Lamartine und de Bonald charakterisiert ist und die bis zum Ersten Weltkrieg weitgehend die Revolutionsinterpretation des katholischen Frankreich darstellte. Diese Auffassung deutete die ganze revolutionäre Epoche als unmittelbar von Gott herbeigeführtes Strafgericht über das sittenlose, vom Glauben verlassene Ancien régime, sie sah mit de Maistre „un caractère satanique dans la Révolution". Diese Ablehnung der Revolution als Inbegriff der Anarchie und der Zerstörung ging zweifellos auf existentielle Erschütterungen zurück, in denen sich das Erlebnis des Bruchs der Revolution mit der katholischen Kirche und besonders die harten Priesterverfolgungen und die Proklamierung eines nichtchristlichen „Kults des höchsten Wesens" zur Staatsreligion auswirkten. Diese religiös fundierte Deutung und Ablehnung der Revolution ist bis heute in Frankreich weit verbreitet (B. Fay, J. Ousset), obwohl die Kirche selbst sich seit der Jahrhundertwende von ihr distanziert hat. Sie hat hinsichtlich der Ursachen der Revolution in den zwanziger Jahren durch die Arbeiten von Cochin eine neue, wissenschaftlich formulierte Bestärkung erfahren. Cochin machte politische

Clubs, Freimaurerlogen, Lese- und Korrespondenzzirkel, die sog. *Sociétés de Pensée,* für den Ausbruch der Revolution verantwortlich. Er hat zwar diese These niemals restlos aus Quellen belegen können, jedoch den Blick der Revolutionshistorie nachdrücklich auf das Phänomen aktivistischer politischer Plattformgruppierungen gelenkt, die im Stil der englischen und amerikanischen *Caucuses* als Wahlvorbereitungskomitees allgemeine taktische Schachzüge hinter verschlossenen Türen verabredeten. Konservative Historiker haben an der Tätigkeit dieser Komitees stets nur den konspirativen Charakter hervorgehoben. Eine solch einseitige Auffassung übersieht jedoch, daß sich die moderne konstitutionelle Bewegung durchweg in Organisationsformen dieser Art und mit Hilfe entsprechender Techniken entwickelt hat. In Frankreich entstand diese Bewegung in aller Breite im Verlauf der Wahlvorbereitungen für die Generalstände des Jahres 1789. In ihr nur eine Verschwörung gegen das Ancien régime zu sehen, ist ein Mißverständnis.

3. Ähnliches gilt in gewissem Sinn auch für die deutschsprachige konservative Interpretation der Französischen Revolution bis etwa zum Ersten Weltkrieg. Diese Deutung (F. von Gentz, A. von Müller, J. von Haller, J. Stahl, H. von Sybel, L. von Ranke, H. von Treitschke, A. Wahl) stellte trotz erheblicher Differenzierungen die mangelnde Achtung der Revolutionäre vor der staatlichen Ordnung, vor Institutionen und verfassungsmäßig und gesetzlich geregelten politischen und sozialen Beziehungen innerhalb eines Staatswesens in den Vordergrund. In diesem Zusammenhang wurden zumal die Gesichtspunkte der gewachsenen ständischen Verfassung, des monarchischen Prinzips und des Staats als Ordnungsmacht dem Denken und Handeln der Revolution gegenübergestellt. Bei einer von solchen Kategorien ausgehenden Wertung verfiel die Französische Revolution selbstredend dem Verdikt. Es war wohl kein Zufall, daß die meisten der genannten Autoren in Preußen oder Österreich beheimatet waren, in Staaten also, die aus Motiven der Staatsräson oder der nationalen Bewegung die Französische Revolution stärker bekämpft hatten als etwa die deutschen Rheinbundstaaten.

4. Von der religiös motivierten Deutung des revolutionären Gesamtkomplexes ist in Frankreich eine andere konservative Interpretation zu unterscheiden: die erstmals durch Taine vorgetragene machtstaatlich-

nationalistische Kritik der Französischen Revolution. Bezeichnenderweise war es die bittere Erfahrung vom Untergang des Zweiten Kaiser-
reiches, die Taine zur Reflexion über die Entstehung der Französischen Revolution veranlaßte. Sein ab 1876 erschienenes Werk „Les
origines de la France contemporaine" stellte sich die Frage, wie man
Frankreich vor den endlosen Umwälzungen bewahren könne, die seit
1789 seinen politischen Bestand erschütterten. Die Fragestellung der
Untersuchung war also aktuell-politischer Natur, und die Ergebnisse
dieser Untersuchung ließen erkennen, daß die Antworten schon vorher feststanden. Taine sah zwar als erster Historiker die Entstehung
der Revolution als Ergebnis des allmählichen Autoritätsverlusts der
Regierung unter Ludwig XVI. und des Infragestellens der alten sozialen Ordnung. Er identifizierte die Revolutionäre jedoch nicht mit dem
ganzen Volk. Für ihn waren sie vielmehr *contrebandiers, vagabonds,
mendiants, la dernière plèbe* oder *bandits.* Ähnlich bezeichnete er die
Jakobiner als charakterlose soziale Mißgeburten. Für Taines Beurteilung ist letztlich die Einsicht maßgebend, daß alle Anläufe zu nationaler Größe und Selbstbestätigung seit der Französischen Revolution
regelmäßig in einem Desaster endeten. Der Glanz der Epoche des
Sonnenkönigs wurde nie wieder erreicht. Aus dieser historischen Erin-
nerung heraus verurteilen noch heute neo-royalistische Autoren (O.
Aubry, G. Gaxotte) die Französische Revolution und finden dabei in
der Öffentlichkeit bedeutende Resonanz.

d) Die liberale oder bürgerlich-idealisierende Interpretation

Die bürgerlich-idealisierende Deutung der Französischen Revolution
beginnt ebenso wie die konservative mit dem revolutionären Akt der
Erklärung des *Tiers-État* zur *Assemblée nationale* am 17. Juni 1789.
Zahllose Zeitgenossen (so Mirabeau, Sieyès, Bailly, Étienne Dumont
de Genève) haben die Bedeutung dieses Schrittes erkannt, die darin
bestand, daß er in einem Zug die durch die Verfassungskonvention seit
einem halben Jahrtausend bestehende partikulare Interessenrepräsen-
tation der privilegierten Stände liquidierte und gleichzeitig die Präro-
gativen der Krone, im wesentlichen die Kompetenz über die politischen Grundentscheidungen, weitgehend usurpierte. In der Erinne-
rung haben allerdings der spontane Akt des Schwurs im Ballspielhaus
(20. Juni 1789) und der rasch zum Mythos hochstilisierte Sturm auf die
Bastille (14. Juli 1789) dank ihres stärkeren Symbolgehalts größere

Bedeutung gewonnen als der juristisch komplizierte, jedoch viel folgenreichere Schritt vom 17. Juni, der ohne äußeren Glanz vor sich ging.

Die beiden Höhepunkte der Revolution aus der Sicht des zeitgenössischen Bürgertums waren dann die Erklärung der Menschen- und Bürgerrechte vom 26. August 1789 und die Schaffung der ersten geschriebenen Verfassung Frankreichs vom 3. September 1791, das Vorbild der kontinentalen Repräsentativverfassung für das ganze 19. Jahrhundert. Es versteht sich von selbst, daß die bürgerlichen Kreise bis zum Beginn der Konventsdiktatur im Herbst 1792 ihre eigenen Errungenschaften hochschätzten und sich in einzigartiger Weise „auf der Höhe der Zeit" fühlten. Fast einhellige Zustimmung fand dieses Hochgefühl zunächst besonders in Deutschland und der Schweiz (J.G. Fichte, J. von Görres, G. Forster, J.G. Herder, F. Schiller, I. Kant, Ch.M. Wieland, F.G. Klopstock, G.W.F. Hegel, W. von Humboldt), aber auch – trotz der Kritik Burkes – in England und Amerika (C. Fox, Th. Paine, Th. Jefferson). Diese positive Resonanz schlug jedoch nach Beginn der revolutionären Expansion und angesichts der Jakobinerdiktatur fast durchweg in Ablehnung um. Die daraus resultierende zwiespältige Haltung charakterisiert bis heute die liberale Interpretation der Französischen Revolution. Sie unterscheidet im Gegensatz zur konservativen und zur sozialistischen sowie marxistisch-leninistischen Deutung recht genau zwischen bejahenswerten und negativen Entwicklungen, Handlungen und Grundsätzen der Revolution. Im Verlauf des 19. und 20. Jahrhunderts hat sie unterschiedliche Züge angenommen, dabei teilweise stark beeinflußt von der Opposition gegen die verschiedenen monarchistischen und cäsaristischen Systeme der Zeit, aber auch von einem Unbehagen vor den entstehenden sozialen Massenbewegungen.

Im einzelnen hat die liberale Interpretation stets die Rolle der Aufklärung als konditionierendes Element der Revolution betont. So gelten aus der Retrospektive vor allem Montesquieu (den die bürgerlichen Zeitgenossen von 1789 noch als *aristocrate* diffamierten), Voltaire und Rousseau als die geistigen Wegbereiter der großen revolutionären Neugestaltung Frankreichs. Hinsichtlich der politischen und sozialen Verhältnisse bedient sich diese Deutung – in ähnlicher Weise wie die konservative Interpretation – eines Kunstgriffs: War aus deren Sicht das Ancien régime bei Ausbruch der Revolution ein blühendes Staatswesen, so waren aus bürgerlicher Sicht die Mißstände in diesem Staat im Jahr 1789 gar nicht mehr zu überbieten. Hoher Klerus und Adel erscheinen als eine privilegierte Kaste, die, ohne Leistungen zu erbringen, die höchsten Positionen im Staatsapparat auf Kosten der Allgemeinheit besetzt hielt. Dem Ancien Régime werden vorgehalten: die durch *Lettres de cachet* geübte Willkürjustiz, die Frivolität und die Intrigen am königlichen Hof, die finanzielle Mißwirtschaft der Regierung, die Korruption der Verwaltung, das ungleiche Besteuerungssystem, die mangelnden Aufstiegschancen für *roturiers,* die Vernachlässigung der Lehren der *philosophes;* als diese allgemeinen Mißstände schließlich ein unüberbietbares Ausmaß angenommen hatten, mußten sich notwendig die richtigen Grundsätze des Dritten Standes durchsetzen, weil einfach jedermann außer den Privilegierten von ihnen überzeugt und der Staat nicht länger ohne ihre Durchsetzung aufrechtzuerhalten gewesen sei. Dabei wurden die Verankerung der bürgerlich-revolutionären Grundsätze im natürlichen Recht und ihr Bezug zu den Prinzipien der Freiheit, der Gleichheit, der Rationalität, der Transparenz und der Moral hervorgehoben.

An dieser Stelle setzt in den bürgerlich-idealisierenden Darstellungen im allgemeinen die Handlung des *revolutionären Dramas* ein. Bei dem Romantiker Michelet ist es das *gute Volk von Frankreich,* das seine Ketten zerbrochen hat und nunmehr handelt. Anonyme Kollektive wie „ganz Paris", „die Nation", „die öffentliche Meinung" sind die Agierenden. Die Einzelpersönlichkeiten treten dahinter zurück; sie sind entweder Interpreten des Volkswillens oder werden von diesem auf die Guillotine geschickt. Eigensüchtige Interessen, institutionelle Bedingungen bleiben bei Michelet unerwähnt. Für ihn – wie für die gesamte bürgerlich-idealisierende Interpretation – ist charakteristisch, daß er den Terror der Jakobinerdiktatur zwar entsetzlich findet, aber angesichts der Bedrohung Frankreichs durch die monarchischen Mächte Europas für unvermeidlich hält, sozusagen in der unerbittlichen Logik der Geschichte begründet. Die Vertreter dieser Richtung waren durchweg überzeugte Republikaner, und so gehörten sie mit Beginn der III. Republik der politischen Linken, meist den Radikalsozialisten, an; denn Annahme oder Zurückweisung der Botschaft von 1789 machten damals das Hauptkriterium für die Unterscheidung zwischen republikanischen Linken und monarchischen Rechten aus. In der III. Republik wurde dann auch der 14. Juli 1789 zum Nationalfeiertag erhoben; aus der Berufung auf die Menschen- und Bürgerrechte von 1789 wurde ein nationaler Kult, dem sich noch Patriotismus und

Laizismus zugesellten. Am vollkommensten hat Aulard all diese Tendenzen verkörpert. Im wesentlichen seine Geschichtsschreibung hat
Danton kanonisiert; sie hat ihn als den Mann der Milde, den Promotor
einer aufgeklärten laizistischen Republik, als empirischen Politiker
und vor allem als Helden des bedrohten Vaterlandes gesehen und so als
Vorläufer Gambettas gedeutet. Als sein böser Gegenspieler erschien
Robespierre: „93, das ist 89, das sich verteidigt, aber 94, das ist Robespierre, der angreift"[3]. Doch gelang es Clemenceau mit seiner berühmten „Blockthese", auch diese Gegensätze zu überbrücken. War die
Auffassung von der Einheit der Revolution zunächst nur ein Kampf-
mittel gegen Boulangismus und Neo-Royalismus, so wurde sie in der
Folge allmählich zu einem nationalen politischen Mythos. Kaum gesehen wurden von dieser Interpretationstendenz die sozialen Probleme
der Revolution.

e) Die französische sozialistische Interpretation

Die französische sozialistische Interpretation der Französischen Revolution bietet das Beispiel einer weitgehend verselbständigten Version
des historischen Materialismus, die soviel Tradition und Selbstbe-
wußtsein besitzt, daß sie eines besonderen Bezugs auf Marx entraten
kann. Sie pflegt ebenso das Bewußtsein der weltgeschichtlichen Ein-
zigartigkeit der Revolution wie das nationale Erbe, das mit ihr verbunden ist und kann heute für sich in Anspruch nehmen, zumindest in
Frankreich die stärkste Resonanz unter allen Deutungen der Französischen Revolution zu besitzen. Mit J. Jaurès, A. Mathiez, G. Lefebvre,
A. Soboul zählen einige der bedeutendsten Revolutionshistoriker des
20. Jahrhunderts zu ihren Vertretern. Mehr als jede andere Deutung
der Revolution (mit Ausnahme der marxistisch-leninistischen) hat die
sozialistische Interpretation den Charakter einer einheitlichen Schule,
und zur Erforschung der Einzelphänomene wie des Gesamtvorgangs
der Französischen Revolution hat sie mehr beigetragen als jede andere
Gruppierung. Diese Schule besitzt in der „Société des Études Robespierristes" eine eigene wissenschaftliche Vereinigung und in der Vier-
teljahresschrift „Annales historiques de la Révolution française" ein

---

[3] So Delcassé in der parlamentarischen Debatte der neunziger Jahre des 19. Jahrhunderts, vgl. Alice Gérard: La Révolution française, mythes et interprétation 1769–1970.
Paris 1970, S. 72.

traditionsreiches, zur allgemeinen wissenschaftlichen Information unentbehrliches Publikationsorgan. Die in den eigenen Reihen häufigen Kontroversen über Interpretationsprobleme der Französischen Revolution spiegeln eine Fülle von Divergenzen wider. So ist denn auch nur der linke Flügel dieser Schule mit der KP Frankreichs liiert.

Die Tradition dieser Auffassung der Französischen Revolution reicht zurück bis in die Zeit vor der Veröffentlichung des Kommunistischen Manifests. 1847 hatte Blanc die erste sozialistische Darstellung der Geschichte der Französischen Revolution veröffentlicht, in der er sich für die Diktatur Robespierres erwärmte. Blanc sah in der *Terreur* den ersten Schritt zu einem Zukunftsstaat der *Fraternité* und in Robespierre den großen gescheiterten Sozialisten, dessen Werk fortzusetzen war. Diese Interpretation wurde von Jaurès 1901 in seiner „Histoire socialiste de la Révolution française" wiederaufgenommen und begeisterte die Generation um L. Febvre, A. Mathiez und G. Lefebvre leidenschaftlich. Jaurès' Darstellung war getragen von einem überzeugten sozialistischen Humanismus. Die Französische Revolution war für ihn das historische Modell der politischen Machtergreifung einer Klasse, die wirtschaftlich bereits herrschte und gleichzeitig das Modell einer – unter Robespierre sich andeutenden – sozialen Demokratie. Bei Jaurès ist die revolutionäre Botschaft jedoch unverkennbar der Konzeption einer reformerisch orientierten Demokratie nahe. Seine Interpretation wurde denn auch weniger von den Arbeitern aufgenommen als von den Intellektuellen.

Mathiez wurde in den zwanziger Jahren der eigentliche Wiederentdecker Robespierres, dessen uneigennütziges Handeln und dessen makellose Tugend er dem korrumpierten Charakter Dantons gegenüberstellte. Mathiez forderte damit die auf Aulard eingestimmte republikanische Linke heraus, die Danton zum Symbol des pragmatischen, umsichtigen Republikaners erhoben hatte. Im Verlauf dieser Kontroverse verglich Mathiez seinen Helden, den *Unbestechlichen*, mit Lenin, dem „Robespierre, der Erfolg gehabt hat"[4]. Mathiez stellte so zum erstenmal eine Beziehung der Französischen Revolution zur russischen Oktoberrevolution her. In der folgenden Diskussion ging es dann um die Frage, ob die Revolution von 1917 als eine Fortsetzung der Revolution von 1792 angesehen werden könne oder nicht. Mathiez vertrat die Auffassung, beide Ereignisse stellten im Grund

---

[4] Vgl. Albert Mathiez: Le Bolchévisme et le Jacobinisme. Paris 1920.

den gleichen Vorgang dar: Sie hatten die gleichen Ursachen, gebrauchten die gleichen Mittel und hatten dieselbe Vision, nämlich die Umformung der gesamten Gesellschaft. Wenn Robespierre scheiterte, so deshalb, weil er keine kohärente, dem Marxismus vergleichbare Doktrin besaß. Nichtsdestoweniger war Robespierre in den Augen von Mathiez der Vorfahre der Oktoberrevolution und die Jakobinerdiktatur die erste Diktatur des Proletariats, das erste kollektivistische Experiment. Lefebvre und Soboul sind dieser Deutung später nicht gefolgt. Wohl sahen auch sie, wie Mathiez, in der Politik der Jakobinerdiktatur egalitäre Züge, auch Ansätze zur Vergemeinschaftung der Konsumgüter (Maximum-Gesetzgebung, Ernte-Beschlagnahmung u. ä.); aber sie lehnten es ab, diese Politik *sozialistisch* zu nennen. Unter Sozialisierung verstanden sie im streng marxistisch-leninistischen Sinn des Wortes eine Enteignung der Produktionsmittel, die ja in der Tat während der Jakobinerdiktatur niemals ins Auge gefaßt worden ist. Dementsprechend war für sie die Französische Revolution in keiner Phase sozialistisch; lediglich für gewisse Gedankengänge der *Enragés* (J. Roux, Hébert, Chaumette) oder für die „Verschwörung der Gleichen" (Babeuf) trifft ihrer Auffassung nach diese Qualifizierung zu. So steht die Lefebvre-Soboul-Schule in ihrer Grundbeurteilung der Französischen Revolution der marxistisch-leninistischen Auffassung sehr nahe.

Für Mathiez wie für Lefebvre und Soboul stand im übrigen fest, daß die Revolution das Ergebnis eines Klassenkampfes war, des Kampfes der *bourgeoisie* gegen den Feudaladel. Der Sieg des Bürgertums bedeutete dabei gleichzeitig den Sieg des modernen Kapitalismus und die Französische Revolution den Prototyp des revolutionären Wegs dahin. Dabei wollte das Bürgertum keineswegs von vornherein den Ruin der Aristokratie. Doch die Intransigenz der Privilegierten und die vom Ausland gesteuerte Konterrevolution zwangen es dann, das gesamte Ancien régime kompromißlos zu liquidieren. Zu diesem Zweck verbündete es sich mit den ländlichen und städtischen Volksmassen: So kam es zur Volksrevolution der Jahre 1792–94, zur *Terreur,* zur Installierung der Demokratie. Die Zunftmonopole wurden aufgehoben, der Feudalbesitz wurde zerstört, die Freiheit der kleinen Produzenten hergestellt und Frankreich zu einem großen nationalen Markt zusammengeschmolzen. Auf diese Weise wurde die kapitalistische Produktion von allen feudalen und staatsmerkantilistischen Hemmnissen und Auflagen befreit, sowohl auf dem Agrarsektor wie auf dem der industriellen Fertigung. Zwei Bedingungen dieses Wegs zur kapitalistischen Gesellschaft sind klar erkennbar: die Zerstückelung des feudalen Grundeigentums und die Befreiung der Bauern. Deshalb bildet die Agrarfrage geradezu eine „position axiale"⁵ (Soboul) der Französischen Revolution.

Von daher erklärt sich auch das große Interesse dieser sozialistischen Schule der Revolutionsdeutung an der Sozial- und Wirtschaftsgeschichte, die für sie gleichzeitig eine Geschichte der Unterschichten, der „Massen", und nicht der „Helden" ist. C.-E. Labrousse hat zum erstenmal das Problem der zyklischen und saisonalen Lohn- und Preisschwankungen des Ancien régime und der Revolution untersucht (1944) und damit starke Impulse zu ähnlichen quantitativen Studien gegeben. G. F. E. Rudé hat eine Untersuchung über die Struktur und Mentalität der revolutionären Massen aus Quellen der Pariser Polizeipräfektur erarbeitet (1959) und dabei ebenfalls die Möglichkeiten der quantitativen Methode aufgezeigt. Im übrigen weiß sich diese sozialistische Deutung der Revolution darin einig, daß der *dynamische Part* der Französischen Revolution keineswegs von der Handelsbourgeoisie, sondern von der Masse der kleinen Produzenten gespielt wurde, denen bislang der Klerus und der Adel den Mehrgewinn abgenommen hatten. Die Groß- oder Handelsbourgeoisie – so besonders Lefebvre und Soboul – habe sich jeder politischen Lösung, solange sie ihren eigenen Interessen nicht entgegenstand, flexibel angepaßt: zuerst den konstitutionellen Monarchisten, dann den Feuillants, dann den Girondisten. Die Jakobinerdiktatur dagegen sei das kurzlebige politische Instrument der kleinen autonomen Bauern- und Handwerkerproduzenten gewesen, die ihr Ideal in einem demokratischen Gemeinwesen kleinster unabhängiger Unternehmer gesehen hätten. Die Überspannung des Reglementierungsinstrumentariums habe jedoch zum Scheitern der jakobinischen Politik, einer echten „Volksfront-Lösung"⁶

---

⁵ So Albert Soboul in: La Révolution française dans l'histoire du monde contemporain. Etude comparative. Abgedruckt bei Eberhard Schmitt (Hrsg.): Die Französische Revolution. Anlässe und langfristige Ursachen. Darmstadt 1973, S. 359–407, S. 379 (in der deutschen Übersetzung bei Walter Grab (Hrsg.): Die Debatte um die Französische Revolution, S. 93). Desgleichen in: A propos d'une thèse récente: Sur le mouvement paysans dans la Révolution française. In: Annales historiques de la Révolution française. Bd. 45 (1973), S. 85–101, hier S. 85.

⁶ Lefebvre spricht vom „front populaire des Montagnards, des Jacobins et des sans-culotte" [sic] (A la mémoire de Maximilien Robespierre. In: L'Humanité vom 2. Mai 1957, S. 2).

(Lefebvre) geführt. Insgesamt sei die Revolution zwar Etappe auf dem Weg zur kapitalistischen Gesellschaft gewesen, sie sei jedoch in dreifacher Weise als einzigartiges französisches Ereignis charakterisiert: als *Révolution de la Liberté* habe sie das bedeutendste Dokument der modernen bürgerlichen Freiheiten geschaffen. Als *Révolution de l'Egalité* habe sie u. a. versucht, Preise und Löhne in ein gerechtes, stabiles Verhältnis zueinander zu bringen (Maximum-Gesetz vom 29. September 1793), ein Sozialversicherungssystem und Gleichheit der Bildungschancen einzuführen und so eine echte soziale Demokratie zu errichten. Als *Révolution de l'Unité* habe sie den nationalen Einheitsstaat hervorgebracht und damit das Modell eines vielkopierten Staatstypus. Durch diese drei Qualifizierungen wird die französische sozialistische Interpretation der Französischen Revolution bei aller längst erzielten wissenschaftlichen Differenzierung einem häufigen tagespolitischen Bedürfnis nach Deutung der Vergangenheit der französischen Nation gerecht und wirkt so in eminenter Weise in die Öffentlichkeit hinein.

f) Die marxistisch-leninistische Interpretation

Die marxistisch-leninistische Interpretation der Französischen Revolution war bis in die sechziger Jahre unseres Jahrhunderts hinein so gut wie ausschließlich in der Sowjetunion sowie in den mit ihr verbundenen Volksdemokratien verbreitet, hat jedoch seither auch in westlichen Ländern eine stärkere Resonanz gefunden. Sie stützt sich in ihrer konkreten historischen Anschauung der Revolution auf zahlreiche, voneinander isolierte Aussagen von K. Marx, gelegentlich F. Engels, besonders aber von V. I. Lenin und – jedenfalls bis 1953 – von I. V. Stalin, die mit den theoretischen Ansätzen der marxistisch-leninistischen Geschichtsauffassung verknüpft werden. Danach bildet die „französische bürgerliche Revolution des 18. Jahrhunderts" – so die offizielle Sprachregelung – das klassische Beispiel einer *vollendeten bürgerlichen, demokratischen Revolution*. Sie ist das Ergebnis eines siegreichen Kampfes der kapitalistischen Bourgeoisie, der sich vorübergehend Bauernschaft, Kleinbürgertum, Proletariat und Stadtarme (Plebejer) angeschlossen hatten, gegen das „reaktionäre feudalabsolutistische System" des damaligen Frankreich. Die Marxisten-Leninisten legen dabei das größte Gewicht auf den Umstand, daß die Französische Revolution das Ergebnis eines Klassenkampfes, also eines sozialen Konfliktes, gewesen sei.

Marx selbst hatte sich dem Gegenstand zunächst unter philosophischen Gesichtspunkten zugewandt. Seine erste Beschäftigung mit der Französischen Revolution erfolgte im Zusammenhang mit der Frage nach der Aufhebung der menschlichen *Entfremdung*. Zu diesem Zweck setzte er sich ab 1843 eingehend mit den Menschen- und Bürgerrechten von 1789 und 1793 auseinander, die ihm als Symbol der Bestrebungen der gesamten Revolution erschienen[7]. Er ging hierbei davon aus, daß zwischen der politischen Emanzipation durch den Staat und der menschlichen Emanzipation ein Unterschied bestehe. Das Muster einer bloß politischen Emanzipation war für ihn jener revolutionäre Prozeß, der in der Erklärung der Menschen- und Bürgerrechte seinen Ausdruck gefunden hatte; dieses Urteil galt gleichermaßen für die Deklarationen von 1789 wie für die von 1793. Im Verlauf des damaligen revolutionären Prozesses sei der Staat von der bürgerlichen Gesellschaft abgespalten und isoliert worden; Staatsbürger und Privatmensch, staatliche und soziale Organisation seien auseinandergerissen worden. Dabei habe die hemmungslose Apologie des Privatmenschen zu einer totalen Materialisierung der Gesellschaft und zu einer extremen Individualisierung der Menschen geführt, in deren Gefolge seither die Privatinteressen, das Privateigentum und der ihnen zugehörige Egoismus den Lebenslauf prägten und den auf das allgemeine Wohl verpflichteten Staatsbürger zu einer abstrakt-moralischen Person hätten werden lassen. Diesem Zustand setzte Marx bewußt den einer humanen Emanzipation entgegen. Eine solche Aufhebung der Entfremdung müsse die Abschaffung des Privateigentums – der Quelle des privaten Egoismus – zur Voraussetzung haben. Diese Beseitigung des Privateigentums könne aber nur das Werk einer proletarischen, nicht einer bürgerlichen Revolution sein. Insofern habe die Französische Revolution unmittelbar nichts zur Aufhebung der menschlichen Entfremdung beigetragen.

Ab 1844 studierte Marx intensiv die Zeit der Jakobinerherrschaft. Er las die Protokolle des Konvents, die Schriften Babeufs, die Reden Robespierres und Saint-Justs sowie eine Reihe von periodischen Blättern der Revolutionsepoche, außerdem die Revolutionsdarstellungen von Mignet, Thiers und Guizot. Diese Studien bestätigten ihm seine

---

[7] Karl Marx: Zur Judenfrage. In: Karl Marx, Friedrich Engels: Werke, Bd. 1, S. 347–377; ders.: Zur Kritik der Hegelschen Rechtsphilosophie. Einleitung. Ebd. S. 378–391. Benutzt ist hier wie im folgenden die Ausgabe in 39 Bänden. Berlin 1956–1968 (abgekürzt: MEW).

Auffassung: In der Auseinandersetzung zwischen Girondisten und
Jakobinern waren die ersten Anzeichen für den Beginn eines Klassenkampfes zwischen Bourgeoisie und Proletariat zu sehen.

Ferner meinte
er zu erkennen, daß der politische Staat stets die Interessen der herrschenden Klasse auf Kosten der anderen Klassen vertrete und daß
tiefgreifende politische und soziale Veränderungen nur in härtesten
revolutionären Kämpfen gegen eine herrschende Klasse zu erreichen
seien.

Am Beispiel der Französischen Revolution wandte er sich sodann gegen die Vorstellung, solche Veränderungen seien auf Grund
von gedanklichen Entwürfen zu erreichen: „*Ideen* können nie über
einen alten Weltzustand, sondern immer nur über die Ideen des alten
Weltzustandes hinausführen"[8]. So sei zwar auch die Französische
Revolution im Namen von Ideen geführt worden; worum aber tatsächlich gekämpft worden sei und was wirklich gesiegt habe, das seien
nicht Ideen gewesen, sondern die realen Klasseninteressen der Bourgeoisie:

„Das *Interesse* der Bourgeoisie in der Revolution von 1789 . . . hat
alles ‚*gewonnen*‘ und hat ‚*den eingreifendsten Erfolg*‘ gehabt, so sehr
der ‚*Pathos*‘ verraucht und so sehr die ‚*enthusiastischen*‘ Blumen,
womit dieses Interesse seine Wiege bekränzte, verwelkt sind. Dieses
Interesse war so mächtig, daß es die Feder eines Marat, die Guillotine
der Terroristen, den Degen Napoleons wie das Kruzifix und das
Vollblut der Bourbonen siegreich überwand. ‚Verfehlt‘ ist die Revolution nur für *die* Masse, die in der *politischen* ‚Idee‘ nicht die Idee ihres
wirklichen ‚*Interesses*‘ besaß, deren wahres Lebensprinzip also mit
dem Lebensprinzip der Revolution nicht zusammenfiel, deren reale
Bedingungen der Emanzipation wesentlich verschieden sind von den
Bedingungen, innerhalb deren die Bourgeoisie sich und die Gesellschaft emanzipieren konnte"[9].

Mit diesem Verdikt über die Französische Revolution meint Marx
nicht nur die Zeit der konstitutionellen Monarchie von 1789 bis 1792,
sondern auch die Phase der Konventsherrschaft. Robespierres Irrtum
habe darin bestanden, die staatliche Exekutive stark gemacht zu haben.
Darüber habe er die sozialen Gebrechen des Gemeinwesens vernachlässigt, die überdies vom politischen Bereich her auch gar nicht zu

---

[8] Friedrich Engels und Karl Marx: Die heilige Familie oder Kritik der kritischen Kritik.
Gegen Bruno Bauer und Konsorten. In: MEW Bd. 2, S. 126.

[9] Ebd. S. 85–86.

lösen gewesen seien. Sein Sturz sei auf ein zu starkes Abweichen seines politischen Wollens von den Interessen der Bourgeoisie zurückzuführen. Später sei Napoleon ähnlich daran gescheitert, daß er die Staatsmacht gegen die Grundinteressen der Bourgeoisie auszuüben begonnen habe. Sein Regime sei am Ende das Auslaufen „des *revolutionären Terrorismus* gegen die gleichfalls durch die Revolution proklamierte *bürgerliche Gesellschaft* und deren Politik" gewesen¹⁰. Endgültig zu Ende gegangen sei die Ära der Französischen Revolution jedoch erst 1830, als die Bourgeoisie mit der Bourbonenrestauration die letzte Behinderung abgeschüttelt und sich politisch – unter Verzicht auf allgemeinmenschliche Zwecke – als ausschließliche Trägerin ihres Interesses erkannt und etabliert habe. Marx – wie auch Engels – sah in der Französischen Revolution stets eine historische Erscheinung von europäischem Ausmaß, sie war für ihn Ausdruck „der Bedürfnisse der damaligen Welt"¹¹.

Bei Lenin schlug diese relativ nüchterne Beurteilung um in eine hohe Wertschätzung der Französischen Revolution, insbesondere der aktivistischen Phase des Jakobinertums. In dem Artikel „Kann man die Arbeiterklasse mit dem ‚Jakobinertum' schrecken"¹² erklärte er 1917 emphatisch:

„Es liegt in der Natur der Bourgeoisie, das Jakobinertum zu hassen, und in der Natur des Kleinbürgertums, es zu fürchten. Die klassenbewußten Arbeiter und Werktätigen glauben an den Übergang der Macht an die revolutionäre, unterdrückte Klasse, denn *dies* ist das Wesen des Jakobinertums . . ."¹³. In anderem Zusammenhang nannte er die Bolschewiki „die Jakobiner der heutigen Sozialdemokratie"¹⁴. Im Unterschied zu Marx und Engels interessierte Lenin vor allem der Aktivismus der Revolution, sodann die Dynamik, die sich aus der Beteiligung der Volksmassen an den verschiedenen Erhebungen ergeben hatte: „Die Französische Revolution . . . heißt eben deshalb die Große, weil sie es verstanden hat, zur Verteidigung ihrer Eroberungen die breiten

¹⁰ Ebd. S. 130.
¹¹ Karl Marx: Die Bourgeoisie und die Kontrerevolution [„Neue Rheinische Zeitung", Nr. 170 vom 16. Dezember 1848]. In: MEW Bd. 6, S. 108.
¹² W. I. Lenin: Kann man die Arbeiterklasse mit dem ‚Jakobinertum' schrecken? In: Werke. Bd. 25. Berlin 1971, S. 112–114.
¹³ Ebd. S. 114.
¹⁴ W. I. Lenin: Zwei Taktiken der Sozialdemokratie in der demokratischen Revolution. In: Werke. Bd. 9. Berlin 1971, S. 47.

Volksmassen zu mobilisieren, die der ganzen Welt eine Abfuhr erteilten; hierin gerade liegt eines ihrer großen Verdienste"[15]. „Für ihre Klasse, für die sie wirkte, für die Bourgeoisie, hat sie so viel getan, daß das ganze 19. Jahrhundert, jenes Jahrhundert, das der gesamten Menschheit Zivilisation und Kultur gebracht hat, im Zeichen der Französischen Revolution verlief. Dieses Jahrhundert hat überall in der Welt nur das durchgesetzt, stückweise verwirklicht und zu Ende geführt, was die großen französischen Revolutionäre geschaffen hatten ..."[16].

Wie für Lenin, so bestand auch für Stalin zwischen einer bürgerlichen und einer sozialistischen Revolution ein grundlegender Unterschied. Hatte aber Lenin die Französische Revolution stets als den Prototyp der bürgerlichen Revolution hervorgehoben, so ordnete Stalin sie ohne weitere Differenzierung in eine Reihe ein mit der *Glorious Revolution* von 1688 und den verschiedenen kontinentalen Revolutionen von 1830 und 1848. Auch ihn beeindruckte die Französische Revolution am stärksten in ihrer Eigenschaft als *Volksrevolution*. Er zeigte daher großes Interesse für die revolutionären Kampfmethoden der Jahre 1792–94.

Auch in der modernen sowjetischen Revolutionsgeschichtsschreibung überwiegt heute – im Unterschied zu den Auffassungen von Marx und Engels – die Betonung des aktivistischen Elements der Revolution (V. P. Volgin, E. V. Tarle, V. M. Dalin, A. R. Naročnickij, A. R. Ioannisian, A. V. Ado, V. S. Alekseev-Popov, A. Z. Manfred). Themen ihrer Darstellungen sind vor allem Babeuf, die Enragés, die Sansculotten, die Bauern, die Außenpolitik der Jakobinerdiktatur und das kommunistische Gedankengut der Revolution. An nichtrussischen Autoren, die der gleichen Interpretationsschule zugehören, sind vor allem der Leipziger W. Markov (Studien über J. Roux und die Sansculotten) und der Franzose C. Mazauric zu nennen. Aufs Ganze gesehen, ergibt sich aus heutiger marxistisch-leninistischer Sicht – unter Einbeziehung häufig zitierter Aussagen von Marx, Engels, Lenin und Stalin – folgende Deutung der Französischen Revolution:

---

[15] Ders.: Erfolg und Schwierigkeiten der Sowjetmacht. In: Werke. Bd. 29. Berlin 1971, S. 52.
[16] Ders.: Rede über den Volksbetrug mit den Losungen Freiheit und Gleichheit. Zwei Reden auf dem I. Gesamtrussischen Kongreß für außerschulische Bildung. In: Werke. Bd. 29. Berlin 1971, S. 360.

Der tiefere Grund der Revolution ist in dem Umstand zu sehen, daß das feudalabsolutistische System des alten Frankreich den ökonomischen und sozialen Verhältnissen des Landes im späten 18. Jahrhundert nicht mehr entsprochen habe, sondern einen Hemmschuh für die Entwicklung und das Wachstum der Produktivkräfte bildete. Im Verlauf des revolutionären Prozesses haben sich dann gleichzeitig die sozioökonomische Basis, d. h. die Produktionsweise, und der ideologische Überbau, d. h. Politik, Staat, Recht und Ideen der Menschen, geändert. Insgesamt vollzog die Revolution von 1789 in Frankreich – ähnlich wie die Oktoberrevolution von 1917 in Rußland – den revolutionären Übergang zu einer höherstehenden Gesellschaftsformation, im konkreten Fall den von der feudalen zur kapitalistischen Gesellschaft.

Aus dieser Sicht ist jede Revolution der Ausbruch einer stets vorhandenen, teils latenten, teils deutlich sichtbaren Spannung zwischen sozialen Klassen in einer Gesellschaft. Sozial herrschende Klasse des alten Frankreich vor 1789 war die Aristokratie. Sie geriet in der zweiten Hälfte des 18. Jahrhunderts in einen immer schärferen Gegensatz zu der ökonomisch aufsteigenden und schließlich dominierenden Klasse der Bourgeoisie. Dieser Antagonismus hat 1789 zum offenen Konflikt zwischen beiden Klassen geführt. Dabei versicherte sich die Bourgeoisie dank einer Reihe von Konzessionen der Unterstützung der Bauern und der städtischen unterbürgerlichen Klassen. Auf diese Weise vermochte sie die Aristokratie zu schlagen. Sie wurde ihrerseits in Gesellschaft und Staat zur herrschenden Klasse und beseitigte dank ihrer Verfügung über den Staatsapparat alle Hindernisse, die der kapitalistischen Produktionsweise noch im Weg standen: insofern war die Französische Revolution eine bürgerliche Revolution.

Diese bürgerliche Revolution kannte im einzelnen eine aufsteigende und eine absteigende Phase.

Die aufsteigende Phase war durch eine Klassenallianz zwischen der Bourgeoisie, den bäuerlichen sowie den städtischen Massen gegen das alte System der von der Aristokratie dominierten Sozialbeziehungen, das sog. Ancien Régime, charakterisiert. Unmittelbar ausgelöst wurde die Revolution – so Manfred – durch Bauernrevolten um die Jahreswende 1788/89 und durch Unruhen der hungernden städtischen Plebejer im Frühjahr 1789. Diese aktive Beteiligung der Volksmassen war die Grundbedingung für den Sieg der nach Macht dürstenden Bourgeoisie, welche die Gesellschaft nach „ihren Interessen entsprechenden kapitalistischen Grundsätzen" umzugestalten begann[17]. Folgerichtig bildet aus marxistisch-leninistischer Sicht der 14. Juli – der Sturm auf die Bastille – den Beginn der Französischen Revolution, da bei dieser Gelegenheit die revolutionären Volksmassen erstmals geschlossen in Erscheinung traten. Von da an hat sich dann nach dieser Deutung die Revolution kontinuierlich bis zur Jakobinerdiktatur weiterentwickelt. Dabei genoß jedoch zunächst nur die Großbourgeoisie die Früchte des errungenen Sieges. Sie sicherte sich dank ihres Kapitals beim Verkauf der Nationalgüter den größten Teil an Grund und Boden. 1791 setzte sie die *Loi le Chapelier* durch, ein Dekret, das den Zusammenschluß der Arbeiter in Vereinen und Gewerkschaften und die Durchführung von Streiks verbot: „Gleich im Beginn des Revolutionssturms wagte die französische Bourgeoisie, das eben erst eroberte Assoziationsrecht den Arbeitern wieder zu entziehn. . . . Dies Gesetz, welches den Konkurrenzkampf zwischen Kapital und Arbeit staatspolizeilich innerhalb dem Kapital bequemer Schranken einzwängt, überlebte Revolutionen und Dynastiewechsel"[18]. Die Verfassung von 1791 beschränkte dann in offenem Widerspruch zur Erklärung der Menschen- und Bürgerrechte die politischen Rechte auf die Klasse der Besitzenden und enthüllte so den wahren Charakter der Geschehnisse: „Das Ziel der Französischen Revolution war die Liquidierung des Feudalismus zwecks Festigung des Kapitalismus"[19]. Damals habe sich die Großbourgeoisie von den übrigen revolutionären Kräften (demokratische mittlere Bourgeoisie, Kleinbourgeoisie, Bauern, Arbeiter, Stadt- und Landarme) getrennt und sei zu einer offen konterrevolutionären Kraft geworden. Diese Großbourgeoisie – typische Vertreter seien die *Feuillants* und die *Girondisten* gewesen – habe einen Kompromiß mit der Aristokratie auf Kosten der übrigen Bevölkerung nach dem Muster der englischen Revolution von 1688 angestrebt und habe so die Revolution verraten.

Doch das *Volk* – so diese Deutung – ging seinen Weg weiter. Durch den Volksaufstand vom 10. August 1792 (Sturm auf die Tuilerien, Außerkraftsetzung der Verfassung von 1791) gewann ein neues Gre-

---

[17] A. Manfred: Die französische bürgerliche Revolution am Ende des 18. Jahrhunderts (1789 bis 1794). Berlin 1952, S. 13.
[18] Karl Marx: Das Kapital. Erster Band (MEW Bd. 23), S. 769–770.
[19] J. W. Stalin: Unterredung mit dem deutschen Schriftsteller Emil Ludwig. In: Werke. Bd. 13. Berlin 1955, S. 109.

mium den Charakter eines Regierungsorgans: die revolutionäre *Commune*, die Dachorganisation der 48 Pariser Sektionen. Mit ihrer Hilfe und der des Jakobinerklubs gelang es im neuen Konvent der Bergpartei um Robespierre, die auf Beendigung der Revolution bedachten Girondisten auszuschalten. Diese Jakobinerdiktatur war „einer der *Höhepunkte* im Befreiungskampf der unterdrückten Klassen"[20]. Sie „löste in kürzester Zeit in plebejischer Manier die Hauptaufgaben der bürgerlichen Revolution, wozu bis dahin weder die feuillantistische noch die girondistische Bourgeoisie fähig oder willens gewesen war"[21]. Sie schuf die Verfassung von 1793, „eine der demokratischsten bürgerlichen Verfassungen der Neuzeit"[22]. Durch Einführung eines Höchstpreissystems für die wichtigsten Verbrauchsgüter *(Maximum)*, durch straffe Zentralisierung und Requisitionen griff sie energisch in die Interessensphäre der Großbourgeoisie ein. Doch war ihre Politik voll innerer Widersprüche: Sie tastete die Produktionsmittel und -weisen der Großbourgeoisie nicht an und bewegte sich im Zickzackkurs zwischen den *Opportunisten* um Danton und den *Enragés* und *linken Jakobinern* um Roux, Hébert und Chaumette.

Dieser marxistisch-leninistischen Kritik unterliegt in besonderer Weise Robespierre: Er blieb „stets ein *bürgerlicher* Revolutionär – wenn er auch in seiner Art der fortschrittlichste war –, mit der ganzen, einem bürgerlichen Politiker eigenen Borniertheit und Zwiespältigkeit behaftet. Stark im Kampf gegen die Feinde der Revolution fand er doch kein Mittel, um die demokratischen Errungenschaften der Revolution unter den damaligen Umständen weiterzuentwickeln oder auch nur zu schützen. Er wußte nicht, auf welche Klasse und welche sozialen Kräfte sich die Jakobinerdiktatur stützen sollte, und war in dieser für die Revolution entscheidenden Frage stets schwankend. Robespierre erkannte, welche Gefahren von seiten der Großbourgeoisie drohten, die danach strebte, die demokratischen Errungenschaften der Revolution zu zerstören. Er bekämpfte sie deshalb, konnte sich jedoch nicht entschließen, sich ausschließlich auf die unteren demokratischen Schichten – die Stadt- und Dorfarmen – zu stützen, die doch die zuverlässigsten Pfeiler der Jakobinerdiktatur waren. Den Forderungen der unteren Schichten, besonders den Nöten und Wünschen der Ar-

---

[20] W. I. Lenin: Kann man die Arbeiterklasse mit dem ‚Jakobinertum‘ schrecken? In: Werke. Bd. 25. Berlin 1971, S. 113.
[21] A. Manfred: Die französische bürgerliche Revolution (vgl. Anm. 17), S. 167.

beiter gegenüber, verhielt er sich gleichgültig, er behandelte sie mit nur wenig Verständnis und oft sogar mit offener Feindschaft"[23].

Ähnlich hatte schon Marx über Robespierre geurteilt: „Es ist sehr charakteristisch für Robespierre, daß zu einer Zeit, wo es guillotinenwürdiges Verbrechen war, ‚konstitutionell' im Sinne der Assemblée von 1789 zu sein, alle ihre Gesetze *gegen* die Arbeiter aufrechterhalten blieben"[24].

Im Frühjahr 1794 zerfiel dann die Allianz der Bourgeoisie mit den ländlichen und städtischen Massen. Die Bauern hatten ihr Ziel, nämlich die restlose Zerschlagung des Feudalregimes, erreicht und erwarteten mit Unzufriedenheit die vorgesehenen Ernterequisitionen. Die städtischen Massen – insbesondere die Pariser Sansculotten – hatten während der *Terreur* in Roux, Hébert und Chaumette ihre Führerpersönlichkeiten verloren und waren betroffen über die vorgesehene Einführung eines Lohnmaximums. Und die Hauptkräfte der Bourgeoisie, die Jakobiner, ertrugen mehr und mehr mit Widerwillen die Diktatur des Wohlfahrtsausschusses. Noch suchten sich Robespierre, Saint-Just und ihre Anhänger mittels der sog. *Grande Terreur* im Juni/Juli 1794 an der Macht zu halten. Doch beseitigte dann der überwältigende Sieg der Revolutionstruppen bei Fleurus Ende Juni 1794 auf weite Sicht die Gefahr der Konterrevolution. Damit war objektiv die Notwendigkeit für eine revolutionäre Klassenallianz nicht mehr gegeben: so brach das Regime der *Terreur* mit dem Sturz Robespierres am 27. Juni 1794 zusammen. Das Ende der aufsteigenden Phase der Revolution war erreicht.

Die absteigende Phase der Revolution kennt dann die eigentliche, egoistische Klassenherrschaft der Bourgeoisie, die „Bourgeois-Orgie", von der Engels einmal spricht[25]. Diese Phase ist insgesamt nicht annähernd so gut untersucht wie die „aufsteigende Phase" der Revolution. Die scharfe Kritik, die Marx und Engels an ihr geübt haben, darf noch heute als die Quintessenz aller einschlägigen marxistisch-leninistischen Studien gelten: „Unter der Regierung des Direktoriums bricht die bürgerliche Gesellschaft ... in gewaltigen Lebensströmungen hervor. Sturm und Drang nach kommerziellen Unternehmungen, Berei-

[22] Ebd. S. 99.
[23] Ebd. S. 105.
[24] Brief von Karl Marx an Friedrich Engels vom 30. Januar 1865. In: MEW Bd. 31, S. 48.
[25] Brief von Friedrich Engels an Karl Kautsky vom 20. Februar 1889. In: MEW Bd. 37, S. 156.

cherungssucht, Taumel des neuen bürgerlichen Lebens, dessen erster Selbstgenuß noch keck, leichtsinnig, frivol, berauschend ist; wirkliche Aufklärung des französischen Grund und Bodens, dessen feudale Gliederung der Hammer der Revolution zerschlagen hatte und welchen nun die erste Fieberhitze der vielen neuen Eigentümer einer allseitigen Kultur unterwirft; erste Bewegungen der freigewordenen Industrie – das sind einige von den Lebenszeichen der neuentstandenen bürgerlichen Gesellschaft"[26].

Die napoleonische Ära gehörte für Marx und Engels ebenfalls noch eindeutig zur Revolution: aus ihrer Sicht lieferte die besitzende Bourgeoisie den französischen Staat 1799 an Napoleon Bonaparte aus, der seinerseits in mannigfacher Hinsicht die Traditionen der revolutionären Jahre 1793/94 fortsetzte. Für zahlreiche Vertreter der sozialistischen, marxistischen und leninistischen Revolutionsdeutung der letzten Jahrzehnte fand dagegen die Revolution bereits mit dem Sturz Robespierres 1794 bzw. mit dem Staatsstreich Napoleons 1799 ihr Ende. Erst die neueste marxistisch-leninistische Historie – etwa Walter Markov – knüpft in diesem Punkt wieder an Marx und Engels an. Für die beiden Klassiker der materialistischen Anschauung der Geschichte war im übrigen die Französische Revolution auch mit dem Untergang Napoleons 1815 noch nicht zu Ende. Die Große Revolution habe erst mit der Julirevolution von 1830 „ihre Wünsche vom Jahre 1789" verwirklicht. In diesem Jahr kam die Bourgeoisie – oder genauer gesagt: eine Fraktion in ihr, die Finanzaristokratie – endgültig an die Macht. Sie verzichtete im Gegensatz zu den Bourgeois-Regimen vor 1815 darauf, sich als Vertreterin der ganzen leidenden Menschheit auszugeben und etablierte sich stattdessen in aller Offenheit als egoistisch herrschende Klasse[27].

Die marxistisch-leninistische Interpretation lehnt jeden Versuch ab, einen inneren Zusammenhang zwischen der Französischen Revolution und der russischen Oktoberrevolution herzustellen. Die bürgerliche Revolution von 1789 habe sich darauf beschränkt, die Herrschaft einer Ausbeutergruppe durch die einer anderen Ausbeutergruppe zu ersetzen, die Oktoberrevolution von 1917 dagegen sei durch den Sieg der sozialistischen Produktionsweise und durch die Beseitigung jeder

---

[26] Friedrich Engels und Karl Marx: Die heilige Familie. In: MEW Bd. 2, S. 130.
[27] Ebd. S. 131 sowie Bd. 7, S. 12. Vgl. auch Friedrich Engels: Die Entwicklung des Sozialismus von der Utopie zur Wissenschaft. In: MEW Bd. 19, S. 192–193.

Ausbeutung des Menschen durch den Menschen charakterisiert. Die Französische Revolution sei jedoch im Vergleich zum vorhergehenden Regime des *Feudalabsolutismus* als eine neue Phase in der kontinuierlichen Aufwärtsentwicklung der französischen Gesellschaft zu sehen. Im einzelnen betont diese Interpretation den *revolutionären Instinkt* der Massen als motorisches Element der Entwicklung bis 1793/94 und trägt so zu einer Mythifizierung des Verhaltens der Mittel- und Unterschichten während der Französischen Revolution bei. Das gilt für die Erklärung des 14. Juli 1789 ebenso wie für die Deutung der Rolle der Sansculotten, der Pariser Sektionen und der *Commune* 1792–94. In Analogie zum „Großen Vaterländischen Krieg" der Sowjetunion werden die Kriege der Girondisten und Jakobiner als „patriotische und gerechte Kriege" qualifiziert, im Gegensatz zu den „Raubkriegen" des „bürgerlichen Chauvinismus und Napoleons" nach 1794. Lediglich während der *Terreur* seit September 1793 hätten sich in der Umgebung von Roux, Hébert, Chaumette, Babeuf gewisse Ansätze zu sozialistischen Vorstellungen gezeigt, doch seien sie für die Anschauungen der Jakobinerdiktatur nicht typisch gewesen. „Die Schreckensherrschaft mußte daher in Frankreich nur dazu dienen, durch ihre gewaltigen Hammerschläge die feudalen Ruinen wie vom französischen Boden wegzuzaubern. Die ängstlich-rücksichtsvolle Bourgeoisie wäre in Dezennien nicht mit dieser Arbeit fertig geworden. Die blutige Aktion des Volkes bereitete ihr also nur die Wege"[28].

g) Der strukturanalytische Forschungs- und Interpretationsansatz

Die Richtungskonflikte unter den Historikern um das Monopol der authentischen Deutung der Französischen Revolution haben seit den dreißiger Jahren, verstärkt seit dem Zweiten Weltkrieg, zu Bemühungen geführt, durch eine Synthese der bislang quellenmäßig gesicherten Aussagen sowie durch Schließung der noch vorhandenen Forschungslücken zu einer von weltanschaulichen Postulaten unabhängigen Interpretation zu kommen. Dieser Forschungs- und Deutungsansatz der *wissenschaftlichen Strukturanalyse* geht zurück auf den Constitutionnel A.P.J.M. Barnave (1792) und auf A. de Tocqueville

---

[28] Karl Marx: Die moralisierende Kritik und die kritisierende Moral. In: MEW Bd. 4, S. 339.

(1856). Heute rechnen insbesondere C. Brinton, L. Gottschalk, G. Ferrero, A. Cobban, J. Godechot, R.R. Palmer, D. Richet, F. Furet, G.V. Taylor und D.D. Bien zu dieser Gruppierung. Sie versuchen, mittels neuer, an sozial-, wirtschafts-, rechts-, institutionen-, mentalitäts- und begriffsgeschichtlichen Fragestellungen geschulter Methoden zu neuen Aussagen über die Französische Revolution zu kommen. Dabei geht es diesen Wissenschaftlern zunächst um eine quellenmäßige Überprüfung der bisherigen Forschung, verbunden mit einer Neubearbeitung und Neuinterpretation bestimmter, bisher vernachlässigter oder einseitig gesehener Phänomene der Französischen Revolution; erst in zweiter Linie bemüht man sich um eine Gesamtinterpretation, die ihrer Auffassung nach erst nach Jahrzehnten intensiver Arbeit erbracht werden kann. Die Vertreter dieser Richtung suchen ein den Quellenaussagen adäquates Vokabular zu verwenden und so vorab zu einer Versachlichung der wissenschaftlichen Auseinandersetzung zu gelangen. Sie trennen zeitgenössische und retrospektive Deutungselemente religiöser oder ideologischer Natur vom eigentlichen Bestand des Denkens, Handelns und Geschehens der Revolution und ordnen dieses Denken, Handeln und Geschehen in die gesamte europäische Geschichte des 18. Jahrhunderts ein. Bei der Quellenbehandlung selbst sucht man methodisch in vergleichender Analyse die tieferen Ursachen und die lediglich auslösenden Momente einzelner Ereignisse, die Motivationen der Träger und Trägergruppen einzelner Handlungen und Handlungsketten sowie Gruppenmentalität, Taktiken, Ziele, Programme, innere Konflikte, Koordinationsmethoden u.ä. zu ermitteln. Dieser Forschungs- und Interpretationsansatz berührt sich im einzelnen häufig mit den differenzierten wissenschaftlichen Bemühungen der Schule der französischen sozialistischen und der marxistisch-leninistischen Interpretation, deren Grundthesen steht man aber ebenso skeptisch gegenüber wie denen der konservativen und liberalen Interpretation.

In diesem Zusammenhang haben Palmer und Godechot die Französische Revolution in eine größere „atlantische Revolution" zwischen 1770 und 1799 eingeordnet und so ihren Einzelfallcharakter in Frage gestellt. Gottschalk und Cobban haben die marxistisch-leninistische These, die Revolution sei das Ergebnis eines Klassenkonflikts, an Hand eindringlicher Analysen aufgelockert und dabei gleichzeitig die Vorstellung widerlegt, die Revolution sei in Ursachen und Ablauf determiniert gewesen. Furet und Richet schließlich, die beiden mar-

kantesten Historiker der sog. „Annales"-Schule[29], haben dargelegt,
daß die Französische Revolution ein weitaus komplexerer Prozeß war,
als die marxistisch-leninistische Schule vermeint, ein Prozeß, der sowohl vorwärts- wie rückwärtsgewandte Züge trug und eine Fülle von
verschiedenen politischen, sozialen und wirtschaftlichen Zielsetzungen in sich vereinte. Die Gesamtdarstellung der Französischen Revolution durch Furet und Richet ist inzwischen richtungweisend geworden:
    Aus der Analyse des Revolutionsprozesses ziehen beide Historiker
den Schluß, daß 1789 drei verschiedene Revolutionen parallel nebeneinander herliefen: die der Abgeordneten in Versailles, die der klein-
und unterbürgerlichen Schichten in den Städten – exemplarisches Beispiel: Paris – und die der Bauern auf dem Land. Dabei sind die
ländlichen und die städtischen Revolten ganz der Tradition der Bau-
ern- sowie der Handwerker- und Gesellenaufstände des alten Frankreich verhaftet. Und wenn diese Unruhen im Jahr 1789 auch von den
Ereignissen in Versailles mit ausgelöst und stark beeinflußt wurden, so
hatten sie doch ihre eigenen, unabhängigen Motive und Ziele.
    Eine „bürgerliche Revolution" war aus der Sicht Furets und Richets
die Revolution durchaus insofern, als sie ein liberaler Reformanlauf der
Eliten aus allen drei Ständen war, eine gegen jederlei Privilegien gerich-
tete, auf Etablierung der Rechtsgleichheit und der Rechtssicherheit
bedachte Bewegung, kurz eine Bewegung, die ins bürgerliche 19.
Jahrhundert des Konstitutionalismus und des Wirtschaftsliberalismus
wies. Diese bürgerliche Revolution präsentierte sich während der
Phase der konstitutionellen Monarchie – in den Jahren 1789–1792 – in
der ihr adäquaten, typischen Form, wohingegen sie im Verlauf der
Konventsherrschaft – von der Abschaffung der Monarchie 1792 bis

---

[29] Die sog. „Annales"-Schule gruppiert sich um die Zeitschrift „Annales (Economies.
Sociétés. Civilisations)", die 1929 unter dem Titel „Annales d'histoire économique et
sociale" von den Historikern Marc Bloch und Lucien Febvre gegründet wurde. Zu ihren
bedeutenderen Vertretern zählen seither u. a. Fernand Braudel, Pierre Chaunu, Emmanuel Le Roy Ladurie und François Furet. Vgl. Manfred Wüstemeyer: Die „Annales":
Grundsätze und Methoden ihrer „Neuen Geschichtswissenschaft". In: Vierteljahr-
schrift für Sozial- und Wirtschaftsgeschichte 54 (1967), S. 1–45; ders.: Sozialgeschichte
und Soziologie als soziologische Geschichte. Zur Raum-Zeit-Lehre der „Annales". In:
Kölner Zeitschrift für Soziologie und Sozialpsychologie. Sonderheft 16 (1973), S.
566–583; G. G. Iggers: Die „Annales" und ihre Kritiker. Probleme moderner französischer Sozialgeschichte. In: Historische Zeitschrift 219 (1974), S. 578–608.

zum Sturz Robespierres Mitte 1794 – sozusagen „entgleiste" und erst in der Zeit des Direktoriums ihren eigentlichen Charakter zurückgewann. Der Akzent wird in dieser Beurteilung der Revolution gegenüber derjenigen durch die marxistisch-leninistische Interpretation deutlich verlagert. Er rückt – ganz wie in der Beurteilung der Revolution durch die Masse der Zeitgenossen – von der Phase der *Terreur* 1793/94 wieder auf die Phase der sog. „liberalen Revolution" 1789–1792, an welche die „bürgerliche Republik" 1795 ihren Anschluß fand.

Der entscheidende Zug der Gesamtbewegung von 1789 war aus dieser Sicht also nicht der Aufstand der städtischen und ländlichen Massen, sondern das In-Gang-Setzen der konstitutionellen Umstrukturierung des Staatswesens durch die Verfassungsgebende Nationalversammlung. Und anläßlich dieser Umstrukturierung stießen nicht die Gesamtklassen der Bourgeoisie und des Adels aufeinander, sondern es kämpften die aufgeklärten, liberalen Eliten aus allen drei Ständen und vornehmlich aus der Bourgeoisie gegen die Vertreter der alten Staats- und Sozialordnung, die ihrerseits zwar hauptsächlich Adelige, aber u. a. auch die grundbesitzende Bourgeoisie zu ihren Anhängern zählte. So stand hinter der Revolution der Eliten keine Klassenkampfsituation, diese Revolution wurde vielmehr ausgelöst durch das Versagen der bisherigen Staatsführung bei der Durchführung von zeitgemäßen, einschneidenden Reformen und schließlich durch den finanziellen Zusammenbruch des Ancien Régime im Jahr 1788, der ein Machtvakuum schuf.

Der Zusammentritt der Generalstände in Versailles versetzte 1789 die Eliten in den Stand, ihre – notwendig der Zeit verhafteten – Vorstellungen von der Gestaltung eines durch die aufgeklärte Oberschicht, d. h. durch Besitz und Bildung, kontrollierten Staatswesens durchzusetzen. In der Konsequenz dieser Vorstellungen lagen dann auch die Maßnahmen der bürgerlichen Revolution: so die teilweise Abschaffung der Feudalrechte, die Erklärung der Menschen- und Bürgerrechte, die Zivilkonstitution des Klerus, der Verkauf der Nationalgüter, die Zerschlagung der Provinzen und ihre Ersetzung durch Départements, die Abschaffung der Stände, Zünfte und sonstigen altständischen Korporationen sowie das Verbot aller Berufsassoziationen durch die *Loi Le Chapelier*, die Aufstellung der Nationalgarden, die Auflösung der *Cours souveraines* (der höchsten Gerichtshöfe des Ancien Régime) und die Einführung von Geschworenengerichten, die Einführung des suspensiven Vetos und schließlich die Verfassung vom 3. September 1791. Dagegen dachten – so Furet und Richet – die Revolutionäre von 1789 niemals an eine völlige Abschaffung der Monarchie oder eine Ausschaltung des Monarchen aus dem politischen Prozeß oder an ein allgemeines und gleiches Wahlrecht. Für sie kamen die Aufstände der Mittel- und Unterschichten in Stadt und Land im Sommer 1789 völlig unerwartet, wenn sie dann auch alles taten, um diese heftigen Unruhen als Unterstützung für ihren eigenen Kampf zu gewinnen und gleichzeitig unter Kontrolle zu halten. Wenn die revolutionäre Bewegung der Bauern und der späteren Sansculotten schließlich trotzdem ihre eigene Dynamik entwickelte und zum „Zauberlehrling" der „bürgerlichen Revolution" wurde, dann vorwiegend wegen des Versagens des Königs und auf Grund der Mechaniken, die der 1792 beginnende Krieg mit dem monarchischen Ausland auslöste. Jetzt, 1792, beginnt für Furet und Richet das „Ausgleiten" *(dérapage)* der Revolution.

Daß es dazu kam, führen beide Autoren in erster Linie auf das Verhalten des Königs zurück, dem man, wie sie meinen, das konstitutionelle Programm von 1789 niemals hatte nahebringen können. Letztlich hatten die *Constitutionnels* 1792 dafür zu bezahlen, daß sie 1789 nicht – wie die Engländer im Jahr 1688 – die Dynastie ausgewechselt hatten. So war die Situation von 1792 nicht zu vermeiden, auch wenn sie der Logik der Revolution von 1789 nicht entsprach.

Der Sturm auf die Tuilerien am 10. August 1792 und die sich später anschließenden Kämpfe zwischen Brissotins, Montagnards, Dantonisten, Hébertisten und Robespierristen, insbesondere die gesamte *Terreur* führten auf jeden Fall von der bürgerlichen Revolution weg, führten geradewegs in eine Sackgasse. Furet und Richet sehen in den innenpolitischen Kämpfen von 1792–1794 nicht den Höhepunkt der bürgerlichen Revolution – wie das die sozialistische und marxistisch-leninistische Revolutionsdeutung tut –, sondern eine Unterbrechung der bürgerlichen Revolution, ein überflüssiges, für die Entwicklung des bürgerlichen 19. Jahrhunderts so gut wie folgenloses Zwischenspiel. Die Einzelkämpfe dieser Zeit sind für beide Autoren Kämpfe um das Monopol der Machtausübung zwischen konkurrierenden politischen Gruppierungen. Auf der Suche nach politischem Rückhalt gingen dabei die Montagnards weiter als die Girondisten, indem sie sich massive Unterstützung durch die Pariser Sansculotten und einen Teil der Landbevölkerung besorgten. Doch waren die Auseinandersetzungen besonders dieser beiden parlamentarischen Gruppen und auch die

späteren Flügelkämpfe innerhalb der Bergpartei im Kern Auseinandersetzungen ohne tiefere soziale Dimension. Dementsprechend war das
soziale Substrat aller Führungsgruppen im Konvent im wesentlichen
das gleiche: sie entstammten der gleichen sozialen Schicht, nämlich der
Bourgeoisie, sie hatten weitgehend die gleiche Bildung genossen, und
sie gehörten allen nur denkbaren bürgerlichen Berufen an, vorwiegend
juristischen.

Was die Sansculotten angeht, so werden sie von Furet und Richet als
„Mikro-Elite" auf der Ebene der Pariser Stadtviertel gesehen. Sie
verfolgten ihre eigenen Ziele, doch waren ihre wirtschaftlichen, sozialen und politischen Ideale an der Vergangenheit orientiert, sie hin-
terließen in der Geschichte des 19. und 20. Jahrhunderts keine sichtbaren Spuren. Ihre Revolution vereinte sich zwar kurzfristig – wie die der
Bauern – mit dem Machtkampf der Parlamentariergruppe um Robespierre, ermöglichte deren Diktatur und sicherte so die Abwehr der
außenpolitischen Gefahr. Doch sie brach im Frühjahr 1794 infolge der
Liquidierung ihrer Führer – Guillotinierung von Ronsin Hébert,
Chaumette u. a. – im Zuge der Politik dieser Parlamentariergruppe
zusammen. Robespierre seinerseits fiel, weil er während der *Grande
Terreur* im Juni/Juli 1794 den Bogen überspannte und keine entscheidende Kraft auf seiner Seite behielt. Jetzt nimmt die Revolution den
Weg, den ihr das aufgeklärte 18. Jahrhundert vorgezeichnet hatte,
wieder auf.

Furet und Richet qualifizieren die folgende Zeit des Direktoriums,
die „Regierung der Notabeln", nicht ab, wie es die gesamte marxistisch-leninistische Revolutionsdeutung tut. Sie sehen vielmehr die
bürgerliche Revolution nach den Regeln ihrer eigenen Logik voran-
schreiten. In ihrem Verlauf erreichte die revolutionäre Expansion in
den Jahren 1795–1798 ihren Höhepunkt. Frankreich wurde wieder zur
Hegemonialmacht Europas wie unter Ludwigs XIV. Die Machtergreifung Napoleons 1799 schließlich war im Ergebnis „der Sieg des revolutionären Syndikats", denn sie war das Resultat einer Verschwörung
der Männer der bürgerlichen Revolution, die ihre Errungenschaften
vor der erneuten Gefahr eines Rückfalls Frankreichs in das Ancien
Régime schützen wollten: doch – so die beiden Autoren – „in dieses
Komplott drängt sich im letzten Augenblick ein Mann, um den man
nicht herumkommt: ein Caesar, wo man einen Louis-Philippe haben
wollte"[30]. Furet und Richet sprechen es nicht explizit aus, aber im

[30] François Furet und Denis Richet: Die Französische Revolution. Frankfurt am Main

Ergebnis ist ihre Beurteilung der napoleonischen Herrschaft und der Bourbonenrestauration von der durch Marx und Engels nicht weit entfernt: auch für sie erreicht die bürgerliche Revolution endgültig erst nach der Julirevolution von 1830 mit der konstitutionellen Monarchie unter dem Bürgerkönig Louis-Philippe ihr Ziel.

1968, S. 610 (Französische Originalausgabe: La Révolution. 2 Bde. Paris 1965/66. Nouv. éd. (in 1 Bd.) Paris 1973).

III. Kontroversbereiche der gegenwärtigen Forschung

Wie aus der Darstellung der Grundinterpretationen der Französischen Revolution durch die verschiedenen Interpretationsschulen des 19. und 20. Jahrhunderts hervorgegangen ist, haben Einzelkontroversen zwischen spezialisierten Revolutionsforschern ebenso wie Gruppenkontroversen zwischen verschiedenen Schulen den Gang der Forschung von Anfang an begleitet, und es steht nicht zu erwarten, daß sich diese Situation zu Lebzeiten der gegenwärtigen Historikergeneration nennenswert ändern wird. Diese Lage ist einerseits recht mißlich. Denn es liegt bis zur Stunde keine völlig befriedigende, vom Konsens aller Revolutionshistoriker getragene Darstellung der Revolution vor, obschon Schullehrpläne, Schulbücher, Studienordnungen und so mancher Handbuchbeitrag einen derartigen Konsens vermuten lassen. Auf der anderen Seite darf jedoch nicht verkannt werden, daß gerade die Gegensätze sowohl in der Gesamteinschätzung wie in der Beurteilung von Einzelzügen der Revolution der Fachdisziplin immer wieder entscheidende Anstöße zu weiteren Forschungen gegeben haben, die zu einer in anderen Spezialdisziplinen der Neueren Geschichte ungekannten Differenzierung des Forschungsgegenstandes geführt haben.

Die Forschungskontroversen der heutigen Revolutionshistorie haben insofern ähnlich wie die der vergangenen rund hundertfünfzig Jahre eine doppelte Funktion: Sie bringen Gegensätze zwischen einzelnen Fachspezialisten zum Ausdruck, wobei sie oftmals den Eindruck erwecken, als sei die diskutierte Frage weiter als je zuvor von einer Klärung entfernt. Gleichzeitig decken sie aber in der Regel Schwächen in bislang geläufigen Argumentationen auf und nötigen so zum Infragestellen überlieferter und scheinbar gesicherter Positionen, sie führen gelegentlich sogar zu Neuorientierungen der Forschungskonzeption. Aus solchen Neuorientierungen sind nicht selten in sachlicher und methodischer Hinsicht erhebliche Fortschritte der Revolutionsforschung erwachsen, die ihrerseits unser Bild von der Französischen Revolution ergänzt und verändert haben.

Es versteht sich dabei von selbst, daß die meisten Forschungskontroversen der Revolutionshistorie zu einem bestimmten Zeitpunkt als erledigt gelten konnten: zu dem Zeitpunkt nämlich, zu dem aus ihnen eine neue Sicht der Zusammenhänge, in die die Französische Revolution einzuordnen ist, oder neue, weiterführende Einzelergebnisse der Revolutionsforschung entstanden waren. Dies ist der Grund, warum heute die Mehrzahl der Auseinandersetzungen vor dem Zweiten Weltkrieg nur noch historiographisches Interesse zu wecken vermögen. Auch unter den neueren Kontroversen haben nicht alle Bestand gehabt: um die meisten von ihnen ist es nach und nach wieder ruhig geworden, entweder, weil sie allzu personengebunden waren, oder, weil die Forschung die diskutierten Fragen allmählich zurecht gerückt und gelöst hat.

Die im folgenden zu behandelnden Kontroversbereiche der neueren Revolutionsforschung stellen insofern nur einen Teil der Problembereiche dar, die in den letzten Jahrzehnten Anlaß zu Auseinandersetzungen gegeben haben. Es sind jene Bereiche, in denen sich bisher wenig Ansätze für überzeugende Lösungen abzeichnen und in denen sich zum Teil die einander gegenüberstehenden Positionen derartig versteift haben, daß auch in absehbarer Zeit entsprechende Frontenbildungen erhalten bleiben werden. Das heißt aber nicht, daß die zugrundeliegenden Streitfragen selbst unlösbar seien. Im Gegenteil, indem sie Anlaß zur Erhitzung der Gemüter geben, tragen sie den Keim zu ihrer Lösung bereits in sich.

a) Die Französische Revolution – Mythos oder Realität?

Die Diskussion, die der englische Historiker Alfred Cobban Mitte der fünfziger Jahre um Mythos und Realität der Französischen Revolution auslöste, hat höhere Wellen geschlagen als irgendeine andere Debatte der letzten Jahrzehnte. Sie hatte keinen geringeren Gegenstand zum Thema als die Frage nach Charakter und Inhalt, nach Ursachen, Trägerschaft und Auswirkungen der Revolution. Indem sie derartig grundsätzliche Probleme anschnitt, hat sie notwendig Grundsatzkontroversen ausgelöst und erhebliche Anstöße zu grundlegenden neuen Quellenforschungen gegeben. Diese Forschungen, ihre Ergebnisse und deren Interpretation haben die ganze Debatte um die Französische Revolution in den beiden letzten Jahrzehnten auf einen neuen Boden gestellt.

Cobban hatte 1954 in seiner Antrittsvorlesung am Londoner University College[31] die Grundinterpretation der sozialistischen und marxistisch-leninistischen Schule in Frage gestellt, wonach die Französische Revolution die Zerstörung der feudalen Ordnung und ihre Ersetzung durch eine bürgerlich-kapitalistische Ordnung beinhaltet habe.

Er bezeichnete diese Grundinterpretation schlechtweg als Mythos, und beide Teile dieser Deutung als unbewiesene Theorien: erstens habe es vor 1789 keine Feudalordnung mehr gegeben und zweitens sei in der Revolution selbst nicht eine kapitalistische Bourgeoisie zur Herrschaft gekommen. Im Gegenteil, die angebliche Feudalordnung sei gegen 1789 längst ein „funktionsloses Relikt" einer im Mittelalter untergegangenen Wirtschaftsordnung gewesen, und die revolutionäre Bourgeoisie von 1789 habe nicht eine aufsteigende Kapitalistenklasse gebildet, sondern sei hauptsächlich aus ehemaligen königlichen Beamten und hochqualifizierten unabhängigen Fachleuten zusammengesetzt gewesen, die eine Fülle von degenerierten Adligen (die „Drohnen" des Ancien Régime) zwangen, ihnen die Spitzenpositionen des Staates zu räumen.

Cobban hat niemals die Revolution selber als mythisch bezeichnet – wie ihm seither von seinen Gegnern gelegentlich unterstellt worden ist –, sondern lediglich die sozialistische und marxistisch-leninistische Grundinterpretation des Geschehens, so, wie er sie sah. Auch er räumt ein, daß sich während der Französischen Revolution Entscheidendes geändert habe. Aber er bringt diese Änderungen in keinen geschichtsphilosophischen – oder wenn man so will: geschichtsspekulativen – Kontext, in keinen Zusammenhang mit einem irgend gearteten Gang der Geschichte. Für ihn, den Empiriker, der das, was er aus den Quellen entnimmt, dem Leser auf eine einfache und begreifliche Weise mitzuteilen sich bemüht, war die Revolution im Ergebnis folgender Prozeß: „Eine Klasse von Beamten und Fachleuten stieg von niedrigen zu höheren Posten in der Regierung auf und vertrieb die Günstlinge eines degenerierten Hofes: das war die Bedeutung der bürgerlichen Revolution. Die Bauern befreiten sich von den grundherrlichen Abgaben: das bedeutete die Aufhebung des Feudalismus. Doch auch beide

---

[31] Alfred Cobban: The Myth of the French Revolution. London 1955, zahlreiche Nachdrucke; auch abgedruckt bei Eberhard Schmitt (Hrsg.): Die Französische Revolution. Anlässe und langfristige Ursachen. Darmstadt 1973, S. 170–194. In gekürzter Fassung deutsch bei Walter Grab (Hrsg.): Die Debatte um die Französische Revolution. München 1975, S. 57–72.

Entwicklungen zusammen stellen kaum die Abschaffung einer sozialen Ordnung und ihre Ersetzung durch eine andere dar . . ."[32].

In seinen späteren Arbeiten hat Cobban seine Kritik an der sozialistischen und marxistisch-leninistischen Revolutionsinterpretation vertieft. Ein guter Teil seiner Bemühungen galt dem Nachweis, daß 1789 eine politische und keine soziale Revolution vor sich gegangen sei, mit anderen Worten: daß sich der Kampf um die Besetzung der Staatsführungspositionen und nicht um die Änderung der Sozial- und Wirtschaftsordnung gedreht habe. Der entscheidende Irrtum der neueren materialistischen Revolutionsgeschichtsschreibung, so meinte er, bestehe darin, die damalige Polarisierung des politischen Bewußtseins in Frankreich als Ausgangspunkt für sozialgeschichtliche Erklärungen genommen, den Kampf zweier um die politische Macht und damit um die Kompetenz zur Staatsgestaltung ringenden Gruppen als Klassenkampf gedeutet zu haben[33]. Es sei richtig, daß 1789 die Bevölkerung Frankreichs gespalten gewesen sei: die eine der beiden großen Parteien hätten – im Sprachgebrauch der Zeit – die *aristocrates* gebildet, die sich gegen jederlei Umstrukturierung von Staat, Verwaltung und Rechtsordnung gewehrt hätten; die andere Partei – der *parti national* oder *parti patriote* – sei reformoffen gewesen und habe eine *régénération nationale,* eine grundlegende steuer-, wirtschafts- und innenpolitische Modernisierung Frankreichs gefordert. Im Zuge der Revolution der *Assemblée nationale constituante* habe sich der *parti patriote* durchgesetzt. Was er bis 1791 erreichte, habe später die Grundlage des napoleonischen Staates gebildet: „Im Kern war die Revolution der Umsturz des alten politischen Systems der Monarchie und die Schaffung eines neuen in Form des napoleonischen Staates"[34].

[32] Ders.: Der Mythos der Französischen Revolution. In: Walter Grab (Hrsg.): Die Debatte um die Französische Revolution. München 1975, S. 57–72, 69.

[33] Vgl. die Ausführungen Cobbans in Auseinandersetzung mit Godechot auf dem Internationalen Colloquium über Probleme der sozialen Schichtung in Paris im Jahre 1966: Les interprétations politiques contre les interprétations sociales de la Révolution française. In: Problèmes de stratification sociale. Actes du Colloque International (1966) publiés par Roland Mousnier. Paris 1968 (Publications de la Faculté des Lettres et Sciences Humaines de Paris-Sorbonne. Série „Recherches". Tome 43), S. 215–224. Vgl. auch die Diskussion zum Referat Cobbans ebd. S. 225–239.

[34] „Essentially the revolution was the overthrow of the old political system of the monarchy and the creation of a new one in the shape of the Napoleonic state" (Alfred Cobban: The Social Interpretation of the French Revolution. Cambridge 1964. Paperback edition 1968, S. 162).

Doch hat der streitlustige englische Professor sich nicht mit dieser alles in allem gut belegten These begnügt. Er hat gleichzeitig auch die Auffassung vertreten, daß jede politische Ordnung eine soziale Basis besitze, die weitaus stabiler sei und sich schwerer erschüttern lasse als das Herrschaftssystem. Er hat sich in diesem Zusammenhang nicht über das Verhältnis von Herrschaftssystem und Wirtschafts- und Sozialordnung oder gar über die Zuordnung mentaler Faktoren zum einen oder anderen Komplex in einer gesellschaftlichen Gesamtordnung ausgelassen: dazu war er viel zu sehr von Skepsis gegen abstrakte soziologische Theorienbildung erfüllt. Aber er hat sich intensiv mit einigen Grundproblemen der Sozialgeschichte des Ancien Régime und der Revolution beschäftigt. In seinem Band „The Social Interpretation of the French Revolution" hat er einige klassische Analysen der französischen Sozialgeschichte geliefert, die heute noch Gültigkeit besitzen, obschon andere Ergebnisse des Buches von neueren Arbeiten modifiziert worden sind und lediglich als Anregung für die Forschung von Bedeutung geworden sind.

In diesem Band macht Cobban darauf aufmerksam, daß die „féodalité" des 18. Jahrhunderts nichts mehr mit dem Feudalismus des Hochmittelalters gemein gehabt habe, auch wenn sie in den Augen der revolutionären Zeitgenossen auf dem flachen Land der verhaßteste Angriffspunkt gewesen sei. Sie habe in der Hauptsache aus drückenden Abgaben und Dienstleistungen der Grundholden *(tenanciers)* an den Grundherrn *(seigneur)* ohne jede Gegenleistung von dessen Seite bestanden. Doch die Grundherren als solche seien nicht nur Adlige gewesen, sondern in der zweiten Hälfte des 18. Jahrhunderts zunehmend auch Angehörige der Bourgeoisie, sog. *roturiers,* und zwar besonders solche, die aus den verschiedenen Beamtenlaufbahnen kamen. Bezeichnenderweise sei 1789 bei den Wahlen zu den Generalständen der Besitz eines Lehens *(fief)* nicht als Indiz für das Vorhandensein eines Adelsprädikats beim Lehensinhaber gewertet worden.

Cobban war einer der ersten, der mit allem Nachdruck darauf aufmerksam machte, daß es 1789 eine grundbesitzende Bourgeoisie gab, die – wie wir heute wissen – rund 30% des französischen Grund und Bodens besaß, ebenso viel, wie Klerus und Adel zusammen, und die sich weitgehend mit der rechtlichen und gesellschaftlichen Struktur des Ancien Régime identifizierte. Zwar war gerade sie es, die im Interesse einer Modernisierung der Landwirtschaft und zum Zweck der Gewinnmaximierung alte, teils vergessene, teils kaum gehandhabte seig-

neuriale Besitztitel zu neuer Geltung brachte und so das materielle
Elend der Hintersassen *(tenanciers)* vergrößerte. Aber bezeichnenderweise vermochte sie Strukturverbesserungen in der Ertragslage der
Landwirtschaft in einem durchaus kapitalistischen Sinne innerhalb der
bestehenden Rechts- und Gesellschaftsordnung voranzutreiben. Jedenfalls – so Cobban – seien die Interessen dieser Schicht der Bourgeoisie völlig andere gewesen als die der freiberuflichen und der Funk-
tionärsbourgeoisie, die 1789 die Revolution in Versailles und in Paris
im Rahmen der legislativen Versammlungen vorangetrieben habe.

Ferner wies Cobban nach, daß Angehörige der Manufaktur- und
Handelsbourgeoisie – also die eigentliche kapitalistische Klasse des
Ancien Régime – in der Revolution so gut wie keine Rolle spielten und
auch personell in sämtlichen gesetzgebenden Körperschaften gering
vertreten waren. Er verwies in diesem Zusammenhang darauf, daß
diese Klasse ausgerechnet von den Zeitgenossen gar nicht der Bourgeoisie zugerechnet wurde: so auf eine Passage bei Saint-Simon, dem
bedeutenden Frühsozialisten, die in ihrer – nicht bei Cobban zitier-
ten – Gänze lautet: „Ce ne sont point les industriels qui ont fait la
révolution, ce sont les bourgeois, c'est-à-dire, ce sont les militaires qui
n'étaient pas nobles, les légistes qui étaient roturiers, les rentiers qui
n'étaient pas privilégiés"[35].

Erwähnung verdient in diesem Zusammenhang, daß Cobban die
berühmte *Loi Le Chapelier* vom 14. Juni 1791, die jeden Berufszusam-
menschluß von Gesellen und Meistern untersagte, die bekanntlich in
ihren Auswirkungen bis 1864 gültig blieb und u. a. die Bildung von
Berufsassoziationen und Gewerkschaften in der Frühphase der Indu-
strialisierung in Frankreich verhinderte, nicht wie die sozialistische
und marxistisch-leninistische Revolutionshistorie als frühe Maßnahme
der kapitalistischen Bourgeoisie gegen die Arbeiterschaft wertete. Er
sah sie vielmehr in Übereinstimmung mit den Wirtschaftshistorikern
Braesch und Sée ganz in der Tradition des aufgeklärten Absolutismus
etwa seit Turgot, der sich bemühte, die fortschrittshemmenden Zünfte
und Korporationen des Ancien Régime in ihren Rechten zu beschnei-
den. Erst die *Constituante* habe aber Ernst mit diesem Programm
gemacht. Sie bezeichnete denn auch ganz in Wiederaufnahme der

---

[35] Œuvres de Saint-Simon et Enfantin. Vol. XXXVII. Paris 1875, S. 11. Vgl. auch S. 129:
„Les bourgeois, c'est-à-dire, les légistes qui ne sont pas nobles, les militaires qui sont
roturiers, les propriétaires qui ne sont pas industriels . . .".

Turgotschen Einschätzung die Bildung von beruflichen Organisationen im Prinzip als „Attentat gegen die Freiheit und Menschenwürde", – eine Formulierung, die sich in der Tat besser in das Pathos der Aufklärung als in den Kontext einer Festschreibung kapitalistischer Interessen einfügt, wenn auch nicht zu übersehen ist, daß die *Loi Le Chapelier* im 19. Jahrhundert zu einer einseitig gehandhabten Rechtsnorm gegen die Interessenwahrnehmung der Arbeiterschaft wurde, indem sie generell die Koalitionsfreiheit untersagte. Aber, so meint Cobban, geschichtliche Entwicklungen dürften nicht nur von ihren Ergebnissen her interpretiert werden. Er warf der sozialistischen und modernen marxistisch-leninistischen Revolutionshistorie vor, äußerst komplexe geschichtliche Prozesse ausschließlich ex post zu beurteilen, was unhistorisch sei. Für diese Auffassung hätte er auch – was er nicht wußte – ohne weiteres Karl Marx und Friedrich Engels als Kronzeugen heranziehen können, die eine solche Geschichtsdeutung ebenfalls grundsätzlich verwarfen[36].

Cobban ist viel zu früh – im Jahr 1968 – gestorben. Erstaunlicherweise gibt es bis heute keine unmittelbare, wirklich profunde Auseinandersetzung von Seiten der sozialistischen und marxistisch-leninistischen Revolutionshistorie mit seinen Einwänden und Thesen. Da Cobban niemals eine Gesamtdarstellung der Revolution vorgelegt hat, in der er seine Interpretation zusammengefaßt hätte, könnte es scheinen, als würden seine Darlegungen allmählich, mit dem Fortschreiten der Wissenschaft, wieder in Vergessenheit geraten.

Doch ist er im Gegenteil zu außerordentlicher Wirkung gekommen: und zwar durch die Anhänger und Mitglieder der „Annales"-Schule

---

[36] Marx und Engels sagen in Auseinandersetzung mit Feuerbach in der „Deutschen Ideologie": „Die Geschichte ist nichts als die Aufeinanderfolge der einzelnen Generationen, von denen Jede die ihr von allen vorhergegangenen übermachten Materiale, Kapitalien, Produktionskräfte exploitiert, daher also einerseits unter ganz veränderten Umständen die überkommene Tätigkeit fortsetzt und andrerseits mit einer ganz veränderten Tätigkeit die alten Umstände modifiziert, was sich nun spekulativ so verdrehen läßt, daß die spätere Geschichte zum Zweck der früheren gemacht wird, z. B., daß der Entdeckung Amerikas der Zweck zugrunde gelegt wird, der französischen Revolution zum Durchbruch zu verhelfen, wodurch dann die Geschichte ihre aparten Zwecke erhält und eine ,Person neben anderen Personen' (als da sind: ,Selbstbewußtsein, Kritik, Einziger' etc.) wird, während das, was man mit den Worten ,Bestimmung', ,Zweck', ,Keim', ,Idee' der früheren Geschichte bezeichnet, weiter nichts ist als eine Abstraktion von der späteren Geschichte, eine Abstraktion von dem aktiven Einfluß, den die frühere Geschichte auf die spätere ausübt" (MEW Bd. 3, S. 45).

und durch ihnen nahestehende Historiker, etwa durch François Furet und Denis Richet, durch George V. Taylor, Robert Forster, Elizabeth L. Eisenstein, Robert Darnton und David D. Bien. Diese und andere Revolutionsspezialisten haben manche seiner Einwände und Thesen aufgegriffen, sie in Quellenforschungen überprüft, dabei bestätigt oder erheblich modifiziert, ihnen auf Grund weiterer Forschungen weitere Deutungselemente hinzugefügt und so zum Entstehen einer inzwischen wichtigen neuen Interpretationsrichtung beigetragen, zum Entstehen jener Schule, die einen strukturanalytischen Forschungs- und Interpretationsansatz verfolgt.

Diese Richtung befindet sich – ganz wie Cobban seit den fünfziger Jahren – in einer ständigen, teils latenten, teils offenen Fehde mit der gegenwärtigen marxistisch-leninistischen Revolutionshistorie, die seit einigen Jahren mehr und mehr mit der sozialistischen Revolutionsdeutung verschmolzen ist. Diese Fehde überschattet alle gegenwärtige Diskussion um die Revolution. Der Name „Cobban" ist in dieser Kontroverse fast zu einem Reizwort geworden, er fällt selten und dann eher unbeabsichtigt. Daß jedoch auf sein kritisches Arbeiten alle heutige Grundsatzdebatte um die Französische Revolution zurückgeht, darf als sicher gelten. Den Beweis dafür erbrachte jüngst der Marxist-Leninist Claude Mazauric, der in einem richtungsweisenden Aufsatz „Einige neue Wege für eine politische Geschichte der Französischen Revolution" über das immer häufiger werdende In-Frage-Stellen der Deutung der Französischen Revolution als einer bürgerlich-kapitalistischen Revolution bemerkte: „Tout dérive d'A. Cobban"[37]. Auf die wichtigsten Einzelkontroversen um die Grundfrage, ob die materialistische Revolutionsinterpretation ein Mythos sei, ist in den folgenden Abschnitten einzugehen.

b) Das Problem der „atlantischen Revolution"

Die Konzeption eines Zeitalters der „atlantischen Revolution" bzw. der „demokratischen Revolution des Westens" wurde erstmals 1955 auf dem Internationalen Historikerkongreß in Rom von Robert R.

---

[37] Claude Mazauric: Quelques voies nouvelles pour l'histoire politique de la Révolution française. In: Annales historiques de la Révolution française. Bd. 47 (1975), S. 134–173, hier S. 167, Anm. 53. Der Aufsatz Mazaurics ist in deutscher Übersetzung erschienen in dem von Eberhard Schmitt herausgegebenen Band „Die Französische Revolution". Köln-Berlin 1976, S. 89–122 (Neue Wissenschaftliche Bibliothek. Bd. 86).

Palmer und Jacques Godechot vorgetragen[38]. Palmer versteht darunter den Zeitraum von 1763 bis 1801[39], Godechot den von 1770 bis 1799[40]. Über die wesentlichen Züge dieser Epoche bestehen zwischen beiden Historikern jedoch keine Differenzen.

Beide Autoren verweisen darauf, daß in diesem Zeitraum in ganz Europa wie in seinem damaligen amerikanischen Annex eine Fülle von politischen Konflikten aufbrachen, die nur die Bezeichnung „revolutionär" zuließen: Die Abfolge dieser Konflikte habe 1760 in Genf eingesetzt, habe sich dann fortgesetzt in den dreizehn amerikanischen Kolonien, in Irland, in den Vereinigten Niederlanden, in Frankreich, in Ungarn und in den österreichischen Niederlanden. Im Gefolge der Französischen Revolution von 1789 habe es revolutionäre Bewegungen in Polen, wiederum in den Niederlanden, im linksrheinischen Deutschland, in Italien und in der Schweiz gegeben.

Zur Stützung ihrer Konzeption verweisen Palmer und Godechot darauf, daß die als Sprengkraft wirkenden Forderungen nach Autonomie der persönlichen Entfaltung der ganzen Epoche gemeinsam gewesen seien; überall habe es sowohl eine Erhebung des Adels wie dann eine des Bürgertums gegeben, und überall seien die Erhebungen von Kriegen begleitet gewesen. Auch die Zeit selbst sei sich nach Aussage der Quellen der Einheit der Epoche bewußt gewesen. Erst der Nationalismus des 19. Jahrhunderts – insbesondere nach den Revolutionen von 1848 – habe die heute üblichen isolierten Interpretationen besonders der amerikanischen und französischen Revolution bewirkt.

Dieses Konzept Palmers und Godechots einer „atlantischen Revolution" warf eine zentrale Frage für das Selbstverständnis derer, die sich und die republikanische Vergangenheit Frankreichs mit der Revo-

---

[38] J. Godechot, R. R. Palmer: Le problème de l'Atlantique du XVIIIème au XXème siècle. In: Relazioni del X Congresso Internazionale di Scienze Storiche. Bd. V: Storia contemporanea. Firenze 1955, S. 173–239.

[39] Robert R. Palmer: The Age of the Democratic Revolution. Bd. 1 (1770–1792) Bd. 2 (1792–1799). Princeton 1959–1964. Der erste Band dieses Werks ist in deutscher Übersetzung erschienen unter dem Titel: Das Zeitalter der demokratischen Revolution. Eine vergleichende Geschichte Europas und Amerikas von 1760 bis zur Französischen Revolution. Frankfurt am Main 1970. Ders.: Les révolutions de la liberté et de l'égalité. Paris 1969.

[40] Jacques Godechot: Histoire de l'Atlantique, Paris 1947. Ders.: Les Révolutions (1770–1799). Paris ¹1963, ²1965. Ders.: France and the Atlantic Revolution of the Eighteenth Century, 1770–1799. New York 1965.

lution von 1789 identifizierten, d.h. für alle republikanisch-laizisti-
schen, sozialistischen und marxistisch-leninistischen Historiker, auf:
war die Französische Revolution absolut einzigartig, war sie gewissermaßen der Wendepunkt der Geschichte des 18. Jahrhunderts gewesen
oder bildete sie nur einen Bestandteil eines globaleren Emanzipations-
prozesses, in dessen Verlauf sie allenfalls einen der Höhepunkte darstellte?

Es ist seinerzeit sehr rasch emotionale und ideologisch motivierte
Kritik gegen die Konzeption Palmers und Godechots laut geworden,
eine Kritik, welcher der Sowjethistoriker Manfred folgenden Ausdruck verlieh: „Die Große Französische Revolution hat nicht nur auf
dem Gebiet der Geschichtswissenschaft Anteil am politisch-ideologi-
schen Kampf und dem Meinungsstreit unserer Tage. Sie tritt auch
deutlich an den vorderen und zentralen Abschnitten der ideologischen
Auseinandersetzung unserer Epoche in Erscheinung"[41]. Angesichts
dieser Grundeinstellung kann es nicht Wunder nehmen, wenn Manfred den beiden Autoren vorwarf, nichts anderes getan als eine historische Rechtfertigungsideologie für das atlantische Militärbündnis der
NATO konstruiert zu haben.

Unter dieser Kritik hatte in besonderer Weise Godechot zu leiden,
dem Manfred Mangel an Patriotismus vorwarf, weil er die Bedeutung
„seiner" Revolution geschmälert habe: „Im Namen der ‚atlantischen
Einheit' ist ein französischer Professor bereit, sogar eine der glanzvoll-
sten Seiten aus der Geschichte seines Landes zu opfern. Er ist bereit,
der ‚atlantischen Solidarität' selbst die ‚Große Revolution' darzubrin-
gen. Unwillkürlich zieht die sensationelle, wirklich verblüffende Änderung der Daten der Französischen Revolution die Aufmerksamkeit
auf sich. Bis jetzt – und man kann hoffen, daß es auch in Zukunft
niemand bestreiten wird – galt das Jahr 1789 als Beginn der Französischen Revolution. Der 14. Juli wird bis jetzt als Nationalfeiertag des
französischen Volkes begangen. Das Bestreben Godechots, der atlantischen Idee zu dienen, geht indessen so weit, daß er ihretwillen bereit
ist, sogar den Nationalfeiertag seines Heimatlandes zu ‚vergessen'. . . .
Godechot erklärt: Die Französische Revolution begann in Wirklichkeit zwei Jahre früher, als man bisher glaubte. Sie begann in Form einer

[41] A. Z. Manfred: Die Große Französische Revolution des 18. Jahrhunderts und die
Gegenwart. In: Manfred Kossok (Hrsg.): Studien über die Revolution. Berlin ¹1969,
²1971, S. 157–176, S. 174.

Empörung des konstitutionellen Organs, das den amerikanischen, irischen und anderen westlichen konstitutionellen Einrichtungen am nächsten stand. Und ihrem Entstehen, ihrem Ursprung nach läßt sich die Französische Revolution – so sagt er – völlig in die große revolutionäre Bewegung des Westens einordnen. So lauten die letzten Eröffnungen eines Professors der Universität Toulouse, der doch seinen wissenschaftlichen Namen hat. Die Große Französische Revolution hört unter der Feder eines französischen Professors nicht nur auf, ‚groß' zu sein, sondern sie hört im Grunde genommen auch auf, französisch zu sein"[42].

Der Vorwurf Manfreds ist seither von der marxistisch-leninistischen Revolutionshistorie mehrfach wiederholt worden, allerdings zunehmend seltener in den letzten Jahren, seit der Kalte Krieg weniger heftig geworden ist. Godechot hat 1971 anläßlich einer Besprechung des Buches von Alice Gérard „La Révolution française. Mythes et interprétations. 1789–1970" ausführlich über die Entstehung seiner und Palmers Konzeption berichtet und die Vorwürfe gegen sich als schief zurückgewiesen, gleichzeitig darauf aufmerksam gemacht, daß sich niemals ein irgend gearteter Befürworter der NATO auf seine oder Palmers wissenschaftliche Arbeiten berufen habe[43]. Der Vorwurf der aktuellen tagespolitischen Parteinahme, der gegen Palmer und Godechot erhoben wurde und der seinerseits tagespolitisch und ideologisch motiviert war, darf damit weitgehend als erledigt gelten.

Doch bleiben ungeachtet aller tagespolitisch-ideologischen Auseinandersetzungen manche Einwände, die gegen die Konzeption Palmers und Godechots vorzubringen sind:

Der wichtigste Einwand ist wohl der, daß die komparatistische Methode bis heute zu wenig entwickelt ist, als daß mit ihrer Hilfe eine Analyse so tiefgreifender Veränderungsprozesse, wie es die Revolten und Revolutionen des späten 18. Jahrhunderts waren, voll befriedigend durchgeführt werden könnte. So fehlt es für eine vergleichende Darstellung – besonders, soweit sie sich mit den kleineren europäischen Aufständen und Revolten beschäftigt – an ausreichenden, in die Tiefe gehenden Vorarbeiten. Eine umfassende Darstellung müßte sich mit der politischen, sozialen, wirtschaftlichen und kulturellen Struktur der Gesellschaft, in der sich der jeweils zu behandelnde Konflikt

---

[42] Ebd. S. 173–174.
[43] In: Annales historiques de la Révolution française. Bd. 43 (1971), S. 625–629.

abspielte, befassen, mit den teils spontanen, teils u. U. von außen gesteuerten Komponenten ihres Ablaufs (etwa bei den Vorgängen, die zur Gründung der Mainzer Republik von 1792/93 führten) und vor allem mit den Hauptergebnissen auf allen Geschehensebenen, sie müßte auch zu triftigen Aussagen über den historischen Rang der einzelnen Umsturzbewegungen kommen. Doch an solch umfassenden Analysen fehlt es in den Arbeiten Palmers und Godechots noch weit. Ihre Konzeption kann insofern nur als Arbeitshypothese aufgefaßt werden, die noch auf eine gründliche Bestätigung wartet.

Andere Einwände treten gegenüber diesem Grundeinwand etwas zurück, weil sie nicht methodischer, sondern inhaltlicher Natur sind: so ist ins Feld geführt worden, daß unter den auslösenden Momenten der revolutionären Bewegungen der Faktor des Feudalismus in Nordamerika fast völlig gefehlt habe; es ist bezweifelt worden, daß alle diese Bewegungen im Kern „demokratisch" gewesen seien, und es ist geleugnet worden, daß der Geist der Revolte überhaupt das späte 18. Jahrhundert dominiert habe. All diese punktuellen Einwände lassen sich dann korrekt überprüfen und gegebenenfalls widerlegen, wenn es gelingt, den beabsichtigten vergleichenden Arbeitsansatz bei hinreichender Materialaufarbeitung systematisch befriedigend durchzuführen.

Jedenfalls hat die Konzeption Palmers und Godechots in ihrer Funktion als Arbeitshypothese bisher die fruchtbarsten Ergebnisse erbracht: sie hat eine Fülle von Arbeiten in Gang gesetzt, die sich mit der „demokratischen Internationalen" der Revolutionszeit beschäftigt haben, mit überall in Europa wie in Nord- und Südamerika mehr oder minder wirksam gewordenen Zirkeln von sog. *Jakobinern,* die in ihren Motivationen und politischen Zielsetzungen, in ihrer sozialen Zusammensetzung und in ihrer jeweiligen Haltung zum Staatsapparat untersucht worden sind[44]. Das Bild der Revolutionsepoche ist seither farbiger geworden.

---

[44] Zum Stand der deutschen Jakobinerforschung vgl. den vorzüglichen Aufsatz von Axel Kuhn: Der schwierige Weg zu den deutschen demokratischen Traditionen. Zum gegenwärtigen Stand der Forschung über den deutschen Jakobinismus am Ende des 18. Jahrhunderts. In: Neue politische Literatur 4 (1973), S. 1–22. Über die Jakobinerbewegung in den deutschsprachigen Ländern der Habsburger-Monarchie bereitet Helmut Reinalter (Innsbruck) zur Zeit eine umfangreiche Arbeit vor. Zur Information über weitere Jakobinerbewegungen sei auf die in den Arbeiten der beiden genannten Autoren aufgeführten Titel verwiesen.

Fast unbehandelt ist im übrigen die Frage, ob gegebenenfalls auch die gegenrevolutionären Strömungen der Zeit diesseits und jenseits des Atlantik bis zu einem gewissen Grad eine Einheit bildeten. Es scheint, als würde die These einer atlantischen Konterrevolution dank eines recht eindeutigen Materials auf weniger Widerstand stoßen als die Konzeption Palmers und Godechots in ihrer bisherigen Form. Johannes Rogalla von Bieberstein hat in diesem Zusammenhang nachgewiesen, daß die gegenrevolutionären Gedankenströmungen, Personenzusammenschlüsse und die Gründung von entsprechenden die Öffentlichkeit beeinflussenden Medien des späten 18. Jahrhunderts nicht primär eine Reaktion auf die Französische Revolution waren, wie oft angenommen wird, sondern sich längst vorher, in den siebziger und achtziger Jahren des Jahrhunderts, ausbildeten und im internationalen Maßstab vielfältig aufeinander bezogen waren[45]. Ob dieses „Netz" der Konterrevolution von Europa aus auch über den Atlantik reichte, ist bis heute so gut wie unbekannt.

c) Gab es eine „réaction féodale"?

„Man kann gar nicht oft genug darauf hinweisen", hat der sozialistische Revolutionshistoriker Albert Mathiez einmal Anfang der dreißiger Jahre gesagt, „daß es die Privilegierten waren – der Magistratsadel an ihrer Spitze –, die das göttliche Recht zerstört und das Repräsentativsystem vorbereitet haben"[46]. Mathiez meinte mit dieser Bewegung die permanente, äußerst erfolgreiche Opposition der Privilegierten und insbesondere die der hohen Gerichtshöfe des Ancien Régime gegen alle Reformversuche der Regierung im Sinne des aufgeklärten Absolutismus in der zweiten Hälfte des 18. Jahrhunderts, die schließlich in den Jahren 1787/88 die französische Monarchie in die Knie zwang, noch bevor die Revolution von 1789 in Versailles einsetzte.

---

[45] Johannes Rogalla von Bieberstein: Die These von der Verschwörung der Philosophen, Freimaurer, Illuminaten, Juden und ‚Geheimen Gesellschaften'. Diss. phil. Bochum 1971. Veröffentlicht unter dem Titel: Die These von der Verschwörung 1776–1945. Philosophen, Freimaurer, Juden, Liberale und Sozialisten als ‚Verschwörer' gegen die Sozialordnung. Bern-Frankfurt am Main 1976 (Europäische Hochschulschriften. Reihe 3).

[46] Mathiez in einer Rezension des Werkes von Laski „The Social and Political Ideas of Some Great French Thinkers of the Age of Reason" ed. by F. J. C. Hearnshaw, London 1929. In: Annales historiques de la Révolution française. Bd. 7 (1930), S. 575.

Als Ergebnis dieser altständischen Oppositionsbewegung kam es in den achtziger Jahren zu entscheidenden Maßnahmen der Regierung, die dazu führten, daß die Spitzenpositionen in Regierung und Verwaltung, im Klerus und im Militär fast ausschließlich Angehörigen der Noblesse, die mindestens vier Generationen adliger Ahnen nachzuweisen in der Lage waren, vorbehalten wurden. Diese Entwicklung hat in der Zeit selbst heftigste Empörung hervorgerufen. Sie ist ganz als kastenartige Abschließung der Privilegierten gegen die aufsteigenden *roturiers,* gegen die Eliten aus dem Bereich von Besitz und Bildung gesehen worden und hat u. a. Emmanuel Joseph Sieyes zur Abfassung seiner berühmten politischen Pamphlete in den Jahren 1788/89 veranlaßt[47]. In diesem Zusammenhang ist von der Revolutionshistorie wiederholt darauf hingewiesen worden, daß 1789 kein einziger der Bischöfe Frankreichs und nur wenige der Intendanten, der hohen Militärs, der Gerichtspräsidenten und der höchsten Beamten in Regierung und Verwaltung des Regimes nichtadliger Herkunft waren, etwa im Gegensatz zur Zeit Ludwigs XIV., in der Bürgerliche wie Colbert oder Louvois in führende Regierungspositionen aufsteigen konnten. Die ältere Revolutionshistorie aller weltanschaulichen Schattierungen hat diese „Verkastung" des Adels ganz wesentlich für die Revolution von 1789 verantwortlich gemacht, sie hat den entsprechenden Prozeß während der Regierungszeit Ludwigs XVI. ab 1774 als *réaction aristocratique* bzw. als *réaction nobiliaire* bezeichnet.

Mit dem Aufkommen der marxistisch-leninistischen Revolutionshistorie ist jedoch an die Stelle der Begriffe „réaction aristocratique" und „réaction nobiliaire" immer häufiger die Bezeichnung „réaction féodale" getreten. Diese Umbenennung des Globalvorgangs und dessen Einordnung in ein Klassenkampftheorem, wonach am Ende des Ancien Régime eine relativ geschlossene Klasse der Feudalaristokratie gegen eine relativ geschlossene Klasse der Bourgeoisie stand, hat eine Reihe von französischen und anglo-amerikanischen Historikern zu scharfem Widerspruch herausgefordert. Im Verlauf dieser Auseinandersetzungen hat die sozialistische bzw. marxistisch-leninistische Revolutionshistorie – etwa durch Soboul[48] – klargemacht, daß sie Regie-

[47] Emmanuel Joseph Sieyes: Politische Schriften 1788–1790. Übersetzt und herausgegeben von Eberhard Schmitt und Rolf Reichardt. Darmstadt-Neuwied 1975 (POLITICA-Reihe Bd. 43).

[48] Vgl. das Werk: La civilisation et la Révolution française. I: La crise de l'Ancien

rung und Verwaltung des Ancien Régime in erster Linie als staatlichen Appendix, als bürokratischen Exekutivapparat der Feudalaristokratie ansehe, dessen Maßnahmen im allgemeinen deren Interessenlage gespiegelt habe. So sei die durch staatliche Gesetzgebungsmaßnahmen abgesicherte Verkastung des Adels, seine Abschließung gegen weiteren Aufstieg aus den Reihen des Dritten Standes, logischerweise im Kern eine *réaction féodale* gewesen.

Demgegenüber haben Historiker wie Vivian R. Gruder[49], William Doyle[50] und David D. Bien[51], die der „Annales"-Schule nahestehen, in den letzten Jahren die Auffassung herausgearbeitet, daß die bisherige Interpretation der Vorgänge während der sog. *réaction aristocratique* von einer völlig falschen Perspektive ausgegangen sei: denn in Wirklichkeit seien diese Vorgänge gar nicht gegen den Dritten Stand gerichtet gewesen, wie man bisher – der zeitgenössischen Polemik etwa eines Sieyes folgend – angenommen habe. Doyle und Bien halten zwei wichtige Punkte fest:

Zum ersten habe in den letzten Jahren eine sorgfältige Erforschung der Besetzung der Führungspositionen in Regierung, Verwaltung, Gerichtswesen, Klerus und Militär für den Verlauf des 18. Jahrhunderts ergeben, daß auch in der Zeit vor der sog. *réaction aristocratique* der achtziger Jahre sehr wenige *roturiers* in Spitzenstellen gelangt seien, doch jedenfalls gegen Ende des Ancien Régime nicht weniger als zu Beginn oder in der Mitte des 18. Jahrhunderts. Wo jedoch niemals echte Aufstiegschancen für Bürgerliche bestanden hätten, wo niemals eine „Öffnung" der Staatsführungspositionen für Angehörige des Dritten Standes erfolgt sei, könne man auch nicht von einer „Schließung" der Karrieren für *roturiers* sprechen. Die sog. *réaction aristocra-*

Régime. Paris 1970. Soboul behandelt in dem weit über 600 Seiten zählenden Band die Probleme von Regierung und Verwaltung des Ancien Régime auf knapp fünf Textseiten als Appendix zu dem Abschnitt „l'aristocratie". Vgl. dazu die fulminante Kritik von François Furet in seinem Artikel: Der revolutionäre Katechismus. Abgedruckt bei Eberhard Schmitt (Hrsg.): Die Französische Revolution. Köln-Berlin 1976 (Neue Wissenschaftliche Bibliothek. Bd. 86), S. 46–88.

[49] Vivian R. Gruder: The Royal Provincial Intendants. A Governing Elite in Eighteenth Century France. Ithaca (N. Y.) 1968.

[50] William Doyle: Was there an Aristocratic Reaction in Pre-revolutionary France? In: Past & Present Nr. 57 (Nov. 1972), S. 97–122.

[51] David D. Bien: La réaction aristocratique avant 1789: L'exemple de l'armée. In: Annales (E.S.C.). Bd. 29 (1974), S. 23–48 sowie 505–534.

tique entpuppe sich so als eine Legende, die von den revolutionären Zeitgenossen in den Jahren um 1789 entwickelt worden und der seither die gesamte Revolutionshistorie aufgesessen sei.

Zum zweiten aber sei im Verlauf der jüngsten Forschungen klar geworden, daß die Maßnahmen der Regierung in den achtziger Jahren des 18. Jahrhunderts von einer begrenzten Gruppe des damaligen Altadels intendiert und gegen bestimmte Bestrebungen des damaligen Neuadels durchgesetzt worden seien: es habe sich hier um einen erbitterten Kampf *innerhalb der sozialen Schicht des Adels* gehandelt. So sei das berüchtigtste Zeugnis der sog. *réaction aristocratique,* der Erlaß des Kriegsministers Ségur von 1781, der den Eintritt in die Offizierslaufbahn der Armee vom Nachweis von vier Generationen adliger Ahnen väterlicherseits abhängig machte[52], vom alten, teilweise verarmten Provinzadel durchgesetzt worden, um eine aus dessen Sicht angemessene Versorgung der nachgeborenen Söhne zu sichern (der jeweils Älteste erhielt den Adelssitz). Diese Maßnahme sei einzig und allein gegen den neuen Adel gerichtet gewesen, der im Verlauf des 18. Jahrhunderts aus dem Dritten Stand aufgestiegen sei – der typische Fall: der Großvater war Fernhändler oder Überseekaufmann, dessen Sohn rechtsgelehrter Sekretär im königlichen Conseil, dessen Sohn finanzkräftiger adliger Parlamentsrat – und der nun seit Mitte des Jahrhunderts in die Spitzenpositionen des Staates drängte und sich teilweise einkaufte, besonders in die mit hohem Ansehen und erheblichem Einkommen verbundenen Offizierschargen. So könne das Dekret von 1781 gar nicht gegen Bürgerliche gerichtet gewesen sein, da bereits seit der Jahrhundertmitte fast ausschließlich Adlige zu Offizieren ernannt worden seien: der Erlaß von 1781 habe nur den tatsächlichen Besitzstand des Altadels rechtlich abgesichert. Außerdem seien auch später wie zu allen Zeiten des Ancien Régime einige Bürgerliche dank ihrer Qualifikation in den Offiziersstand aufgestiegen. So zeige das Dekret von 1781 einen sozialen Grundkonflikt zwischen Alt- und Neuadel gegen 1789 auf, der sich im konkreten Fall durchaus als ein

---

[52] Vgl. Réglement portant que nul ne pourra être proposé à des sous-lieutenances s'il ne fait preuve de quatre générations de noblesse; ergänzt durch Mémoire sur la forme des preuves nécessaires pour être reçu souslieutenant dans les régiments d'infanterie française, de cavalerie, de chevaux-légers, de dragons et des chausseurs à cheval; beides abgedr. in: Recueil général des anciennes lois françaises de 420 à 1789 . . . par MM. Jourdan, Decrusy et François Isambert, Nr. 1500 u. 1501, Bd. 27. Paris 1827, S. 29–31.

Konflikt zwischen Geblütsversorgungs- und plutokratisch durchsetztem Leistungsprinzip dargestellt habe.

Auf Grund dieses Sachverhalts aber falle eine der Hauptthesen der marxistisch-leninistischen Revolutionsdeutung in sich zusammen, nämlich die These, daß am Ende des Ancien Régime eine echte Klassenkampfsituation, d.h. eine soziale Grundspannung zwischen Adel und Bourgeoisie bestanden habe. Beim Grundkonflikt der Revolution habe es sich im Gegenteil um einen Konflikt zwischen Anhängern des Privilegienwesens auf Grund des Geblütsrechts und Vertretern des Prinzips der leistungsbedingten Qualifikation für jedes öffentliche Amt – d. h. der aufgeklärten, liberalen Elite aus Adel und Bourgeoisie – gehandelt. Jedenfalls sei die Deutung der sogenannten *réaction aristocratique* als *réaction féodale* nicht im entferntesten aufrechtzuerhalten.

Dem widerspricht die marxistisch-leninistische Historie, und sie tut das von ihren Prämissen her mit Konsequenz. Denn aus ihrer Perspektive ist die Gesamtgeschichte des 18. Jahrhunderts durch eine ständige Aufwärtsbewegung der Bourgeoisie gekennzeichnet, die ihrerseits in ein stetes Fortschreiten der Geschichte nach den Gesetzmäßigkeiten der Dialektik eingebettet ist. Auch wenn die Auffassung der Anhänger der „Annales"-Schule zutreffen sollte, daß der Erlaß von 1781 nur eine rechtliche Absicherung des Besitzstandes des Altadels und damit kein Hinausdrängen der Bourgeoisie aus dem Offiziersdienst war, sei eine solche Festschreibung sozialer Interessen – objektiv gesehen – nur als ein Akt der Reaktion zu bezeichnen, weil er sich gegen die Dynamik des Geschichtsprozesses selbst gewendet habe. Da aber aus marxistisch-leninistischer Sicht die Revolution von 1789 eine Auseinandersetzung zwischen Feudalaristokratie und Bourgeoisie war, ist jede objektiv zu konstatierende Reaktion gegen das Fortschreiten der Geschichte – etwa wie sie das Dekret des Kriegsministers Ségur von 1781 dargestellt habe – als *réaction féodale* zu werten.

Hier, wie bei fast allen neueren Kontroversen, geht es letztlich um die Frage, in welche Gesamtschau der Geschichte die Revolution und die Einzelvorgänge in ihr eingeordnet werden. Denn so sehr die materialistische Revolutionsdeutung auch immer im einzelnen in Frage gestellt oder widerlegt wird, so wenig läßt sich von ihrer Gesamtkonzeption abbringen. Bezeichnenderweise akzeptiert sie durchaus das im Grunde sensationelle Forschungsergebnis von Gruder, Doyle und Bien, ohne ihre schematische Interpretation der Revolution als

Klassenkonflikt zwischen Aristokratie und Bourgeoisie oder auch nur überholte Einzeltermini ihres Kategoriensystems zu ändern.

Andererseits liegt eine Ironie besonderer Art darin, daß das Ergebnis von Gruder, Doyle und Bien im Verlauf eines durchaus dialektisch verlaufenen Diskussions- und Erkenntnisprozesses erzielt wurde, d. h. daß die erfolgreichen Forschungen der drei Autoren ohne die einseitige und provozierende These der marxistisch-leninistischen Revolutionshistorie von einer *réaction féodale* gar nicht in Gang gekommen wären. Auch wenn man die Deutungen der marxistisch-leninistischen Revolutionshistorie im allgemeinen nicht akzeptiert, so ist man doch genötigt, ihren Vertretern eine fruchtbare Tätigkeit als *agents provocateurs* der Forschung und des wissenschaftlichen Fortschritts zuzugestehen.

d) Fand 1789 eine oder fanden drei Revolutionen statt?

Wie bereits eingangs erwähnt wurde, bildet die Revolution von 1789 im Bewußtsein der französischen Öffentlichkeit weitgehend eine Einheit: die Öffentlichkeit sieht auf ihr die gesamte moderne Geschichte Frankreichs – die sog. *histoire contemporaine*[53] – fußen, ob sie sie nun bejaht oder verneint. Diese vorherrschende Bewußtseinslage, die um 1897 in der These Clemenceaus, daß man die Revolution nur als Block annehmen oder ablehnen könne, einen treffenden Ausdruck fand, hat durch die marxistisch-leninistische Revolutionsinterpretation eine weitere Verstärkung erfahren: und zwar einmal, weil diese Interpretation die Revolution en bloc als bürgerlich-kapitalistische Revolution sieht, zum anderen, weil die von der bisherigen konservativen und liberalen Historie perhorreszierte Phase der Konventsherrschaft 1792–1794 und zumal in ihr der Abschnitt der *Terreur* von der marxistisch-leninistischen Historie der sog. bürgerlich-kapitalistischen Revolution als notwendige Bestandteile inkorporiert worden sind. Aus marxistisch-leninistischer Sicht läßt sich mithin die Revolution nur als Block akzeptieren: Soboul hat dies in aller Deutlichkeit ausgedrückt[54].

---

[53] Der französische Begriff „histoire contemporaine" bezeichnet – im Gegensatz zum deutschen Begriff „Zeitgeschichte" – die gesamte Zeitspanne seit Beginn der Französischen Revolution. Die Neuzeitepoche davor wird „histoire moderne" genannt.

[54] So stellte Soboul noch 1969 fest: „La Révolution française est bien ‚un bloc': anti-féodale et bourgeoise à travers ses péripéties diverses" (In: La Révolution française dans l'histoire du monde contemporain. Etude comparative. Abgedruckt bei Eberhard

So kommt diese Interpretation der bisherigen öffentlichen Einschätzung der Revolutionsereignisse entgegen, sie stellt gewissermaßen ihre aktuellste Variante dar.

Unter diesen Umständen läßt sich verstehen, daß eine 1965 vorgetragene These Furets und Richets erhebliche Unruhe ausgelöst hat: nämlich die These, 1789 seien drei Revolutionen nebeneinander vor sich gegangen. In ihrer spezifischen Fassung hat diese These nicht nur wissenschaftlichen Widerspruch erfahren, sie hat gleichzeitig an die Grundlagen bestimmter politischer Identifizierungsmechanismen gerührt und so breiten emotionalen Widerstand geweckt.

Der Versuch der wissenschaftlichen Differenzierung des Revolutionsphänomens ist an sich nichts grundsätzlich Neues gewesen, dafür hat es bereits eine Reihe von Vorbildern gegeben: so hat die alte liberale Historie der ersten Hälfte des 19. Jahrhunderts stets zwischen einer bürgerlich-liberalen Phase und einer terroristischen Phase der Revolution unterschieden[55], der sozialistische Revolutionshistoriker Georges Lefebvre hatte dann 1939 in einer „Quatre-vingt-neuf" betitelten Analyse des ersten Revolutionsjahres vier Komponenten des Revolutionsvorgangs herausgearbeitet (die Notabelnrevolte, die Revolution des Dritten Standes in Versailles, die Revolutionen der städtischen Massen und die der Bauern im Sommer 1789)[56], und Alfred Cobban hatte in seiner bereits erwähnten Antrittsvorlesung am Londoner University College 1954 von einer ganzen Reihe von Einzelrevolutionen innerhalb des Revolutionsprozesses gesprochen: von der „letzten Fronde des Adels und der Parlamente" in den Jahren 1787/88, von der „révolution des *tiers état*" und der „Bauernerhebung" im Jahr 1789, vom „republikanischen Aufstand" im Jahr 1792, von der „Revolte der Sansculotten" 1792–94, vom „neunten Thermidor" 1794 und schließlich den „verschiedenen Staatsstreichen unter dem Direktorium bis zu dem des 18. Brumaire" des Jahres VIII, d. h. der Machtergreifung Napoleon Bonapartes im Jahr 1799[57].

Furet und Richet hingegen differenzierten den Revolutionsprozeß

Schmitt (Hrsg.): Die Französische Revolution. Anlässe und langfristige Ursachen. Darmstadt 1973, S. 359–407, S. 371. Deutsch in gekürzter Fassung bei Walter Grab (Hrsg.): Die Debatte um die Französische Revolution. München 1975, S. 87–103, S. 92).

[55] Vgl. Michael Neumüller: Liberalismus und Revolution. Das Problem der Revolution in der deutschen liberalen Geschichtsschreibung des 19. Jahrhunderts. Düsseldorf 1973.

[56] Georges Lefebvre: Quatre-vingt-neuf. Paris 1939. Nouv. éd. 1971.

[57] Alfred Cobban: Der Mythos der Französischen Revolution (vgl. Anm. 31), S. 58.

auf eine gänzlich neue Weise. Sie gliederten die Gesamtrevolution – ähnlich wie Lefebvre die Vorgänge des Jahres 1789 – horizontal in drei verschiedene Komponenten. Doch gleichzeitig unterzogen sie die wesentlichen auf diese Weise herausgearbeiteten sich überlagernden und gegenseitig bedingenden Bestandteile der Gesamtrevolution einer Verlaufsanalyse.

Die drei großen Komponenten der Französischen Revolution aus solcher Sicht waren: die Revolution der Abgeordneten auf den Generalständen in Versailles und im Rahmen der folgenden gesetzgebenden Versammlungen, sodann die Aufstandsbewegung der klein- und unterbürgerlichen Schichten in den Städten und schließlich die der Bauern auf dem Land. Furet und Richet begründen diese Differenzierung des Revolutionsphänomens damit, daß sich nur auf solche Weise die stark gegensätzlichen Trends in der politischen, sozialen und wirtschaftlichen Zielsetzung der Gesamtrevolution erklären ließen, wenn auch nicht zu leugnen sei, daß alle Teilprozesse der Revolution aufeinander eingewirkt hätten. Dominierend sei auf die Länge gesehen allerdings allein jene Komponente der Revolution gewesen, die sie die „bürgerliche Revolution" nennen, nämlich die durch die legislativen Versammlungen – die Constituante, die Legislative und (teilweise) den Konvent – bewirkte Revolution. Dagegen ordnen sie die Aufstandsbewegungen der Bauern und der städtischen Mittel- und Unterschichten der Kategorie der traditionellen Revolten zu, die vorrangig soziale Ursachen hatten und im wesentlichen rückwärtsgewandte, gelegentlich utopische Züge trugen.

Das eigentliche Kontinuum und die in die Zukunft weisende Komponente war aus der Sicht Furets und Richets also die „bürgerliche Revolution", der liberale Reformanlauf der aufgeklärten Eliten aus allen drei Ständen, vornehmlich von Angehörigen der sozialen Schicht der Bourgeoisie, aber auch von Persönlichkeiten aus den aufgeschlossenen Kreisen des Adels. Diese „bürgerliche Revolution" war in erster Linie ein Kampf der Eliten gegen die Privilegierten und gegen ihr beharrlich jederlei Reformen verweigerndes Status-quo-Denken um die Staatsführung. Es war damit eine Auseinandersetzung um die Kompetenz zur durchgreifenden Erneuerung Frankreichs auf allen innenpolitischen Gebieten, insbesondere in den Bereichen der Regierungsorganisation, der Administration, der Justiz, der Steuer- und Finanzpolitik sowie der Wirtschaftspolitik. Diese Auseinandersetzung um die Kompetenz zur inneren Staatsgestaltung trug nach Furet und

Richet logischerweise keinen Klassenkampfcharakter, da sie keine soziale, sondern eine politische Auseinandersetzung war. Furet und Richet sehen den Grundgehalt der Französischen Revolution in dieser „bürgerlichen Revolution" der aufgeklärten Eliten ausgedrückt.

Demgegenüber sind aus ihrer Sicht die Bauernbewegung von 1789–1794 und die 1789–1794 dauernde Revolte der Handwerker, Gesellen, Budenbesitzer und ähnlicher kleinbürgerlicher Berufe – der späteren Sansculotten – echte soziale Revolten gewesen. Sie gingen zunächst parallel zur „bürgerlichen Revolution" vor sich, zwar von ihr ausgelöst und beeinflußt, aber doch mit eigenen Motivationen und Zielsetzungen versehen: den Bauern ging es um die Befreiung von den Domanial-, Seigneurial- und Feudallasten, insofern tendierten sie zu einer Radikalisierung weit über die Ziele der „bürgerlichen Revolution" hinaus, bis zu dem Zeitpunkt, zu dem ihre Forderungen erfüllt waren. Das war am 18. Mai 1794 endgültig der Fall: danach scherten sie bezeichnenderweise aus dem Kreis der Kräfte aus, die die Herrschaft des Konvents seit 1792 trugen.

Von stark vergangenheitsorientierten Zielsetzungen geprägt war der Aufstand der Sansculotterie, der am 10. August 1792 mit der Erstürmung der Tuilerien die „bürgerliche Revolution" und das politische System der konstitutionellen Monarchie zu überlagern begann. Furet und Richet sprechen in diesem Zusammenhang von einem „Ausgleiten" (*dérapage*) der Französischen Revolution. Sie verweisen bei der Darstellung der Welt der Sansculotten auf die Forschungen Sobouls[58], der nachgewiesen hat, wie feindlich deren Intentionen allen damals bereits aufkommenden kapitalistischen Praktiken gegenüber waren. Ihre Bewegung war zutiefst retrograd, ihre Ziele waren im Grunde genommen eine sozioökonomische und politische Utopie: das wirtschaftliche und soziale Ideal war hier der selbständige Ein- oder Zwei-Mann-Betrieb, der gerade genug zum Lebensunterhalt einer Familie produzierte; das politische Ideal war ein Staat, der dieses sozioökonomische Ideal garantierte und darüber hinaus jeden Bürger entsprechend seiner sozialen Nützlichkeit unmittelbar an der politischen Willensbildung und Entscheidungsfällung partizipieren ließ, ein Staat, der Freiheit, Gleichheit und Gerechtigkeit innerhalb dieses Ideals verbürgte, was sozioökonomisch nichts anderes hieß als Schutz gegen Fort-

---

[58] Albert Soboul: Les sans-culottes parisiens en l'an II. Mouvement populaire et gouvernement révolutionnaire 2 juin 1793 – 9 thermidor an II. Paris 1958, S. 457–547.

schritt, gegen übermäßigen Reichtum und gegen Kapitalakkumulation.

So sehr im Detail die Interpretation Furets und Richets mit der sozialistischen und marxistisch-leninistischen Deutung der Revolutionsereignisse übereinstimmt, so sehr hat sich doch die gesamte materialistische Schule gegen die Differenzierung der Gesamtrevolution in eine „bürgerliche", eine Bauern- und eine Sansculottenrevolution gewendet. Soboul hat bezeichnenderweise nach dem Erscheinen der Revolutionsdarstellung von Furet und Richet die Blockthese explizit wiederholt: „La Révolution française est bien ‚un bloc': anti-féodale et bourgeoise à travers ses péripéties diverses"[59]. Claude Mazauric hat stellvertretend für die marxistisch-leninistische Interpretationsrichtung die Verwendung der Bezeichnung „bürgerliche Revolution" bei Furet und Richet kritisiert: dieser Terminus komme allein dem Globalphänomen zu, das in seiner Gesamtheit – unter Einbeziehung der bäuerlichen und sansculottischen Bestrebungen – eine bürgerlich-kapitalistische Umstrukturierungsbewegung gewesen sei. Es gehe nicht an, die Gesetzmäßigkeiten, nach denen die Französische Revolution vor sich gegangen sei, zu ignorieren: bei Furet und Richet erscheine die Revolution im Sommer 1789 als ein rein zufälliges Zusammentreffen dreier paralleler revolutionärer Bewegungen. Im übrigen sei die Radikalisierung der „bürgerlichen Revolution" (im marxistisch-leninistischen Sinne) in den Jahren 1792–1794 notwendig gewesen, um deren Ziele zu verwirklichen: nämlich den restlosen Abbau der Hindernisse, die dem Übergang zur bürgerlich-kapitalistischen Gesellschaftsordnung im Wege standen. Von einem „Entgleisen" der Revolution könne nicht die Rede sein: was Furet und Richet als „bürgerliche Revolution" bezeichneten, seien die halbherzigen revolutionären Maßnahmen der großbürgerlichen Constituante, der Legislative und der Girondisten im Konvent 1792/93 gewesen, die stets den Kompromiß mit dem Klassengegner „Aristokratie" zum Ziel gehabt und der Konterrevolution Vorschub geleistet hätten. Mazauric hätte zur Unterstützung dieser These ohne weiteres jene Passage von Karl Marx aus der Deutschen-Brüsseler-Zeitung vom 11. November 1847 heranziehen können, in der es heißt: „Die Schreckensherrschaft mußte daher in Frankfurt nur dazu dienen, durch ihre gewaltigen Hammerschläge die feudalen Ruinen wie vom französischen Boden wegzuzaubern. Die ängst-

---

[59] Vgl. Anm. 54.

lich-rücksichtsvolle Bourgeoisie wäre in Dezennien nicht mit dieser Arbeit fertig geworden. Die blutige Aktion des Volkes bereitete ihr also nur die Wege"[60].

Die Diskussion um den Blockcharakter der Französischen Revolution bleibt inzwischen offen: obwohl es scheint, als würde die Differenzierung der Ereignisse und Bewegungen im Sommer 1789 und in den folgenden Jahren durch Furet und Richet sogar durch die Einzelforschungsergebnisse der marxistisch-leninistischen Schule gestützt, ist ein allgemeiner Konsensus über dieses Problem nicht in Sicht. Weder für die Auffassung, daß die revolutionären Bewegungen im Sommer 1789 notwendig zusammen losbrachen noch für die Auffassung, daß sie sich zufällig gleichzeitig ereigneten und dann ergänzten, beeinflußten und überlagerten, sind abschließende Beweise vorzubringen. Welche Position hier der Historiker bezieht, hängt von der Frage ab, welchem Ansatz er sich verpflichtet fühlt: dem des an übergeordneten, den Quellen teilweise widersprechenden Auslegungsregeln orientierten Forschers oder dem des empirischen, am Quellenmaterial sich selbst von Fall zu Fall orientierenden Forschers.

e) Die Jakobinerdiktatur – Höhepunkt der Französischen Revolution?

Die Deutung der Jakobinerherrschaft bzw. der Diktatur des Wohlfahrtsausschusses als Kulminationsphase der Französischen Revolution geht zurück auf alte jakobinische Traditionen, die in Frankreich auch nach dem Sturz Robespierres lebendig geblieben sind, und die um die letzte Jahrhundertwende besonders mit dem Erscheinen der „Histoire socialiste de la Révolution française" von Jean Jaurès lebhaft von neuem zu wirken begannen. Die neojakobinische Hochschätzung der Diktatur des Wohlfahrtsausschusses war immer verbunden mit aktuellen radikaldemokratischen Bestrebungen, die sich an der egalitären, die Interessen der Unterschichten bewußt berücksichtigenden Politik der *Terreur* orientierten. So war es kein Wunder, daß sich sozialistische Historiker wie Jaurès und nach ihm Albert Mathiez für diese Phase der Revolution in starkem Maß erwärmten: konnte doch

---

[60] Karl Marx: Die moralisierende Kritik und die kritisierende Moral. Beitrag zur Deutschen Kulturgeschichte. [„Deutsche-Brüsseler-Zeitung" Nr. 90 vom 11. November 1847]. In: MEW Bd. 4, S. 339.

diese Phase zeitweise als Vorbild für die politische Gestaltung auch der Gegenwart dienen.

In der Tat war es dann besonders Mathiez, der glühende und teilweise sehr einseitige Elogen der Jakobinerherrschaft verfaßte. Er sah im Verlauf der Terreur die Anfänge einer sozialen Demokratie aufschimmern und begann – in scharfer Auseinandersetzung mit Aulard – den Führer der Politik der *Terreur,* Robespierre, zum nationalen Helden hochzustilisieren. Auf diese Weise setzte mit Mathiez ein Prozeß des Aufsaugens der jakobinischen Traditionen durch die sozialistische Revolutionshistorie ein, der zu einem Interpretationsamalgam führte, in dem sich die zeitgenössische politische Strömung des Sozialismus, die historisch aus dem 19. Jahrhundert stammte, mit jakobinischem Gedankengut des 18. Jahrhunderts historisch legitimierte. Schärfster Gegner dieser Umdeutung der *Terreur* zur frühsozialistischen Revolutionsphase war nicht die konservative Revolutionshistorie – die ohnehin die gesamte Revolution ablehnte –, sondern die liberale Historie, die nach wie vor die Revolutionsphase von 1789–92 bejahte, die Ereignisse der Schreckensherrschaft 1793/94 aber verurteilte, in welcher Interpretation sie auch erschienen.

Erst die Einverleibung der sozialistischen Tradition durch die marxistisch-leninistische Schule in den sechziger und siebziger Jahren unseres Jahrhunderts hat zu einer Einordnung der ursprünglich als Höhepunkt demokratisch-egalitärer und sozialistischer Bestrebungen gedeuteten Terreur in eine Interpretation der Revolution als Umstrukturierungsphänomen vom Feudalabsolutismus zum Kapitalismus geführt. Die Widersprüche, die sich dabei ergaben, sind nie aus der Welt geschafft worden: die marxistisch-leninistische Schule hat zwar von der jakobinischen und sozialistischen Interpretation und in starker Übereinstimmung mit Lenin die Deutung der *Terreur* als Kulminationsphase der Revolution übernommen, sie aber gleichzeitig in eine Rahmeninterpretation eingeordnet, die den Deutungsvoraussetzungen der jakobinischen und sozialistischen Tradition nicht entspricht: in eine Rahmeninterpretation, die während der *Terreur* keine sozialistischen Tendenzen als zum Vorschein und zur Wirkung gekommen gelten lassen will.

Die marxistisch-leninistische Historie beruft sich bei ihrer Qualifizierung der *Terreur* als Höhepunkt der bürgerlich-kapitalistischen Revolution auf einige Passagen bei Marx, in denen u. a. davon die Rede ist, daß der französische Terrorismus „nichts als eine plebejische Manier, mit den Feinden der Bourgeoisie, dem Absolutismus, dem Feudalismus und dem Spießbürgertum, fertigzuwerden" gewesen sei[61]. Sie macht vor allem geltend, daß der Erfolg der bürgerlich-kapitalistischen Revolution die restlose Liquidierung der feudalen Abhängigkeiten des Ancien Régime erfordert habe. Eine solche Liquidierung sei aber nur über den Zusammenschluß aller revolutionären Kräfte zu einer „Volksfront" (Lefebvre[62]) bzw. zu einer „revolutionären Front" (Soboul[63]) und über die Diktatur des Jahres II (1793/94) durch den Wohlfahrtsausschuß zu erreichen gewesen. Dementsprechend wird in dieser Interpretation die Phase zwischen dem Sturm auf die Bastille (14. Juli 1789) und dem Sturz Robespierres (27. Juli 1794) als „aufsteigende Phase" der Revolution bezeichnet, der eine „absteigende Phase" folgte, die durch das Auseinanderfallen der revolutionären Allianz und die egoistische Alleinherrschaft der Bourgeoisie charakterisiert gewesen sei.

Gegen diese marxistisch-leninistische Deutung des revolutionären Terrors als Kulminationsphase der bürgerlich-kapitalistischen Revolution sind eine Reihe von Einwänden geltend gemacht worden oder geltend zu machen:

So ist zum ersten bei genauerem Zusehen deutlich, daß eine erhebliche Distanz zwischen der sozialistischen Interpretation eines Mathiez und der modernen marxistisch-leninistischen Interpretation besteht. Mathiez hat in der Französischen Revolution nie den Prototyp der kapitalistischen Revolution gesehen. Er hat vielmehr mit all der Leidenschaft und der Gründlichkeit, über die er verfügte, die sozialistischen Ansätze der Revolution während der Jakobinerdiktatur herauszuarbeiten versucht, wobei er gelegentlich auch über das Ziel hinausgeschossen ist[64]. In seiner Sicht stand ganz das, was die Revolutio-

---

[61] Karl Marx: Die Bourgeoisie und die Kontrerevolution („Neue Rheinische Zeitung" Nr. 169 vom 15. Dezember 1848). In: MEW Bd. 6, S. 107.

[62] „En insultant à la mémoire de Robespierre, les thermidoriens savaient bien ce qu'ils faisaient: avec lui, ils comptaient avoir supprimé le front populaire de Montagnards, des Jacobins et des sans-culotte [sic], anéanti pour toujours la démocratie populaire qui s'était esquissée en l'an II de la République" (Georges Lefebvre: A la mémoire de Maximilien Robespierre. In: „L'Humanité" vom 2. Mai 1957, S. 2).

[63] Albert Soboul in der Wochenzeitung „L'Humanité Dimanche" vom 18. Februar 1972 („Entretien sur la Révolution française").

[64] So hat Mathiez die russische Oktoberrevolution von 1917 als Fortsetzung der Bestrebungen der Französischen Revolution gesehen, er hat in diesem Zusammenhang Lenin

näre zur Schaffung eines zentral gelenkten Sozial- und Wirtschaftsstaa-
tes unternahmen, im Vordergrund, mithin das Konstruktive, Positive:
weil es während der Jahre 1793/94 Bemühungen und beachtliche Tei-
lerfolge bei der Sozialisierung der Konsumgüter gab, weil es Eingriffe
in das Recht auf das Privateigentum der Großbesitzer gab, weil eine
Volksbewegung aktiv in das große politische Geschehen eingriff, weil
auf der Ebene der Pariser Sektionen direkte Demokratie bestand, –
deshalb sah er in diesen Jahren die Kulminationsphase der Französischen Revolution. Es wäre ihm nicht eingefallen, den Wohlfahrtsausschuß deshalb, weil er die letzten „feudalen Relikte" beiseite räumte,
bevorzugt zu würdigen, ganz davon abgesehen, daß für ihn diese
Revolution keine Revolution des Übergangs vom Feudalismus zum
Kapitalismus war, er also auch in der Grundinterpretation nicht mit
der marxistisch-leninistischen Historie übereingestimmt hätte.

Ein zweiter Einwand ist festzuhalten: Die Marxsche und Engelssche
Beurteilung der Französischen Revolution stützt zwar in einigen isolierten Einzelpassagen die marxistisch-leninistische Deutung der *Terreur*, stimmt aber in ihrer Grundtendenz nicht mit ihr überein. Vor
allem Marx hat sich zur *Terreur* geäußert: da ist vor allem jene bereits
zitierte Passage, in der davon die Rede ist, daß die Schreckensherrschaft nur dazu diente, „durch ihre gewaltigen Hammerschläge die
feudalen Ruinen wie vom französischen Boden wegzuzaubern"[65];
diese Stelle gehört in einen journalistisch geschickt erfaßten tagespolitischen Kontext, ist aber theoretisch nicht reflektiert, sie ist Beschrei-
bung eines nicht weiter analysierten Sachverhalts. Keinesfalls meint
sie, daß jenes „Wegzaubern der feudalen Ruinen" durch die „blutige
Aktion des Volkes" Bedingung des Übergangs zur bürgerlichen Gesellschaft bzw. zum Kapitalismus in Frankreich gewesen sei. Denn
dieser Übergang ging nach Marx und Engels auf verschiedenen Ebenen
phasenverschoben vor sich (wobei auch bei Berücksichtigung aller
einschlägigen Passagen einige Unklarheiten bestehen bleiben): während die Revolution von 1789 in den Bereichen von Staat, Recht und
Ideologie die bürgerliche Gesellschaft etablierte, vollzog sich der
Übergang zur großen Industrie (und damit zur vollentwickelten kapitalistischen Produktion) im Rahmen eines sehr lange anhaltenden Prozesses vom Anfang bis weit über Mitte des 19. Jahrhunderts hinaus.

als den „Robespierre, der Erfolg gehabt hat", bezeichnet (Le Bolchévisme et le Jacobinisme. Paris 1920).
[65] Vgl. Anm. 60.

Nirgends ist bei Marx und Engels davon die Rede, daß für diesen Übergang zur großen Industrie die *Terreur* von irgendwelcher Bedeutung gewesen sei. Andererseits stellt innerhalb des Übergangs zur bürgerlichen Gesellschaft der Revolutionszeit die *Terreur* nur insofern einen Höhepunkt dar, als in ihr – und zwar im wesentlichen verfrüht und deshalb zum Mißerfolg verurteilt – das Proletariat (bzw. das Vorproletariat bzw. die Klasse der Plebeijer: Marx und Engels kennen dafür eine Reihe von Begriffen) vorübergehend die Macht ergriff und im Zuge seiner kurzen Herrschaft u. a. auch feudale Relikte liquidierte, ohne daß diese Aktion seine eigentliche Tätigkeit ausgemacht hätte. Die Bourgeoisie profitierte zwar davon. Aber eine Bedingung für ihre egoistische Klassenherrschaft nach 1794 war die „blutige Aktion des Volkes" nicht, das ergibt sich aus den übrigen Äußerungen von Marx und Engels zur Französischen Revolution[66].

Starke Mißverständnisse hat dann weiter innerhalb der marxistisch-leninistischen Revolutionsdeutung jene Stelle bei Marx ausgelöst, in der davon die Rede ist, daß sich die Revolution bis 1794 „in aufsteigender Linie" bewegt habe. Diese Passage lautet wörtlich: „In der ersten französischen Revolution folgt auf die Herrschaft der *Konstitutionellen* die Herrschaft der *Girondins* und auf die Herrschaft der *Girondins* die Herrschaft der *Jakobiner*. Jede dieser Parteien stützt sich auf die fortgeschrittenere. Sobald sie die Revolution weit genug geführt hat, um ihr nicht mehr folgen, noch weniger ihr vorangehen zu können, wird sie von dem kühneren Verbündeten, der hinter ihr steht, beiseite geschoben und auf die Guillotine geschickt. Die Revolution bewegt sich so in aufsteigender Linie"[67].

In dieser Passage ist der Tatbestand eines wiederholten Machtwechsels während der Französischen Revolution ausgedrückt, wobei von einer zunehmenden Radikalisierung bis zur Jakobinerherrschaft die Rede ist. Im Zusammenhang dieser Passage deutet nichts darauf hin, daß eine „aufsteigende Phase" innerhalb eines irgendgearteten Übergangs zum kapitalistischen Produktionsmodus gemeint sei. Vielmehr wird der Kampf zwischen einzelnen Parlamentariergruppen um die politische Macht charakterisiert, jener Kampf, der nach Marx und

---

[66] Vgl. Eberhard Schmitt und Matthias Meyn: Ursprung und Charakter der Französischen Revolution bei Marx und Engels. Bochum 1976. Auch in: Probleme des Übergangs vom Ancien Régime zur Französischen Revolution. Göttingen 1977.
[67] Karl Marx: Der achtzehnte Brumaire des Louis Bonaparte. In: MEW Bd. 8, S. 135.

Engels von großer Bedeutung war, weil er nach ihrer Auffassung weitgehend das Wesen der Französischen Revolution ausmachte. Die Revolution bewegte sich dabei bis zur Jakobinerherrschaft in aufsteigender Linie, weil diese Jakobinerherrschaft im wesentlichen mit der kurzfristigen Herrschaft des Proletariats zusammenfiel, mit einer Phase, die in den Augen von Marx und Engels einen geschichtlichen Vorgriff auf eine höher zu bewertende Gesellschaftsformation darstellte.

Es ist dann weiter – und das ist der dritte Einwand, der vor allem von Cobban[68] und von Furet[69] geltend gemacht wurde – darauf hingewiesen worden, daß es unsinnig sei, eine Revolutionsphase als Höhepunkt einer „bürgerlich-kapitalistischen Revolution" zu bezeichnen, in der ein großer Teil der Bourgeoisie Verfolgungen ausgesetzt gewesen sei und in der zudem Ansätze eines Übergangs zum kapitalistischen Produktionsmodus faktisch bekämpft worden seien, etwa durch die regierungsamtliche Bevorzugung der kleinbürgerlichen Sansculotten und ihrer sozial und wirtschaftlich rückwärtsgewandten Zielsetzungen oder durch die forcierte Parzellierung des großen Grundeigentums. Furet spricht in diesem Zusammenhang den Verdacht aus, daß bei der Qualifizierung der Jakobinerdiktatur als Höhepunkt der „bürgerlich-kapitalistischen Revolution" die jakobinischen Sympathien der entsprechenden Autoren einer stringenten materialistischen Logik den Rang abgelaufen hätten[70].

Diese Einwände sind nicht von der Hand zu weisen. Gerade von der Logik der Grundauffassung der marxistisch-leninistischen Deutung der Revolution her ist die Qualifizierung der *Terreur* als „notwendig" für den Übergang von der feudalabsolutistischen zur kapitalistischen Gesellschaftsordnung widersinnig: daß nämlich, damit sich die kapitalistische Produktionsweise durchzusetzen vermöge, etwaige feudale Relikte aus dem Weg geräumt sein müßten, hat die marxistisch-leninistische Interpretation in Bezug auf die Entwicklung in England nie behauptet. Nun war aber nach ihrer Auffassung die dortige „bürgerliche Revolution" von 1688/89 lediglich ein „Kompromiß" zwischen

---

[68] Alfred Cobban: The Social Interpretation of the French Revolution (vgl. Anm. 34).

[69] François Furet: Le catéchisme révolutionnaire. In: Annales (E.S.C.). Bd. 26 (1971), S. 255–289. Deutsch bei Eberhard Schmitt (Hrsg.): Die Französische Revolution. Köln-Berlin 1976, S. 46–88.

[70] Ebd. (deutsche Fassung), S. 51, 52 sowie 81.

der Aristokratie und der Bourgeoisie auf Kosten der übrigen Bevölkerung gewesen, es hatte weder eine „Jakobinerdiktatur" noch eine „Volksfrontlösung" gegeben: dementsprechend blieb nach der Revolution eine Fülle von feudalen Relikten erhalten.

Und trotzdem – so ist die marxistisch-leninistische wie alle andere Historie zu konstatieren genötigt – erlebte England knapp drei Generationen nach der Glorreichen Revolution die Anfänge der industriellen Revolution, in deren Verlauf sich die kapitalistische Produktionsweise ungehindert durchsetzte. In Frankreich dagegen, das im 19. Jahrhundert über alle Möglichkeiten des Informations- und Technologietransfers bis hin zur Industriespionage verfügte, hatte sich drei Generationen nach 1789 und trotz der vermeintlichen Leistungen der *Terreur* noch kein beeindruckender Durchbruch der kapitalistischen Produktionsweise vollzogen.

Die häufige marxistisch-leninistische Entgegnung, daß die subjektiven Einstellungen, Schicksale und Zielsetzungen der Revolutionäre und der revolutionären Klassen und Unterklassen nicht zählten, sondern lediglich der objektive Befund einer restlosen Liquidierung aller feudalen Relikte im Zuge des Übergangs von der feudalabsolutistischen zur kapitalistischen Gesellschaftsordnung, sticht in diesem Zusammenhang nicht: Denn die „revolutionäre Allianz" der Jahre 1789–1794 kam gerade auf Grund subjektiver Motivationen der beteiligten Gruppen zustande, und sie brach im Frühjahr 1794 auf Grund divergierender subjektiver Interessen wieder auseinander. Wenn aber eine angeblich „objektiv notwendige" aufsteigende Phase der Revolution lediglich durch subjektive Elemente des Revolutionsprozesses abgeblockt werden konnte, kann es mit dieser „objektiven Notwendigkeit" – von allen Sacheinwänden abgesehen – nicht gut bestellt sein.

So spricht letztlich gegen die gegenwärtige Bewertung der *Terreur* durch die marxistisch-leninistische Interpretation sowohl die jakobinische und sozialistische Tradition bis Mathiez, weiter die Marxsche und Engelssche Anschauung des Revolutionsprozesses und schließlich die eigene interne Logik der marxistisch-leninistischen Historie: Grund genug, dieser Bewertung skeptisch gegenüberzustehen. Weitaus in sich stimmiger und näher an der Marxschen und Engelsschen Optik war die Mathiezsche Sicht, wenngleich sie nicht frei von ideologischen Verzerrungen war.

Auf der anderen Seite erscheint die These Furets und Richets, die Revolutionsphase von 1792 bis 1794 und insbesondere die *Terreur* in

diesem Zeitabschnitt sei ein „Entgleisen" der „bürgerlichen Revolution" gewesen, im großen und ganzen nicht unplausibel, wenn man sich überhaupt zur Grundeinschätzung der Revolution durch die beiden Autoren verstehen will. Denn in der Tat ist nicht zu sehen, was die Phase der Jakobinerherrschaft an progressiven Elementen zum Trend des Geschichtsverlaufs im 19. Jahrhundert beigetragen hätte:
Die Forderungen der Sansculotten waren in ihrer Epoche bereits unzeitgemäß und gingen nach 1794 sang- und klanglos unter, sie tauchten zwar kurzfristig in der Februarrevolution von 1848 und im Aufstand der Pariser Commune von 1871 wieder auf, jedoch ohne auch nur im entferntesten zur Wirkung zu kommen. Sie haben weitaus stärker einen kleinbürgerlichen als einen sozialistischen Charakter besessen, wie wir seit den Forschungen von Soboul wissen[71] – insofern ist sowohl die Mathiezsche wie die Marxsche und Engelssche Sicht etwas schief –, und wenn es nicht an vergleichenden Untersuchungen allzu sehr mangeln würde, ließe sich die These wagen, daß die Bewegung des äußersten linken, kleinbürgerlichen Flügels der faschistischen Bewegungen in der Zwischenkriegszeit des 20. Jahrhunderts eine – sicher unbewußte – Fortsetzung der Sansculottenbewegung von 1793/94 dargestellt habe.
Was die Bewegung der Bauern anlangt, so ist sie – ebenso wie die Sansculottenbewegung – großenteils von dem vergangenheitsorientierten Wunsch nach Kleineigentum getragen gewesen. Die in den Jahren der Konventsherrschaft vor sich gegangene Parzellierung des Besitzes der Emigrierten und Proskribierten hat in der Landwirtschaft auf weite Sicht gesehen zu jener Besitzstruktur geführt, die für die wirtschaftliche Rückständigkeit der französischen Bauern im folgenden Jahrhundert verantwortlich war: die Bauern blieben denn auch im 19. und 20. Jahrhundert die politisch konservativste Schicht der französischen Gesellschaft und damit ein beharrlich retardierendes Element der gesamtgesellschaftlichen Entwicklung in Frankreich bis in die Gegenwart hinein.

f) War die Französische Revolution eine „bürgerliche Revolution"?

Sowohl in der geläufigen marxistisch-leninistischen Interpretation wie in der Deutung der „Annales"-Schule ist die Französische Revolution

---

[71] Vgl. Anm. 58.

eine „bürgerliche Revolution" gewesen, allerdings in einem unterschiedlichen Sinne:

Für die Anhänger der marxistisch-leninistischen Interpretation war die Revolution von 1789 deshalb eine „bürgerliche Revolution", weil sie den Übergang von der feudalabsolutistischen zur bürgerlich-kapitalistischen Gesellschaftsordnung und von der feudalen zur kapitalistischen Produktionsweise vollzogen hat. Im Rahmen eines tiefgreifenden, gewaltsamen Umstrukturierungsvorgangs wurden gleichzeitig die sozioökonomische Basis wie der ideologische Überbau der französischen Gesellschaft einer abrupten Veränderung unterzogen. Im Kampf um die Herrschaft stießen dabei die beiden antagonistischen Klassen der Aristokratie und der Bourgeoisie aufeinander. Der Bourgeoisie gelang es, die städtischen und ländlichen Massen als Hilfstruppen zu ihrer Unterstützung zu gewinnen, sie formierte mit ihnen einen revolutionären Block gegen den feudalen Gegner: der Stoßkraft dieses Blocks unterlag die Aristokratie etwa 1794, obwohl sie im Inneren wie von außen die Konterrevolution schürte. Die Bourgeoisie, seit 1789 bereits die führende Klasse der revolutionären Allianz, wurde 1794 mit dem Auseinanderfallen des revolutionären Blocks zur allein herrschenden Klasse. Alles in allem nimmt vom Jahr 1789 die moderne bürgerlich-kapitalistische Gesellschaft in Frankreich ihren Ausgang. Aus dieser Sicht wird deshalb die Französische Revolution auch „bürgerlich-kapitalistische Revolution" genannt.

Anders bei den Anhängern der „Annales"-Schule, besonders bei Furet und Richet. Aus ihrer Perspektive hat nur jener Strang der Französischen Revolution Anspruch auf die Bezeichnung „bürgerliche Revolution", der von den aufgeklärten Eliten des späten 18. Jahrhunderts aus allen drei Ständen getragen war und Züge aufwies, die ins französische 19. Jahrhundert des Konstitutionalismus und des Wirtschaftsliberalismus wiesen. Für Furet und Richet gehören die sozialen Bewegungen der Bauern und der städtischen Mittel- und Unterschichten nicht zur „bürgerlichen Revolution": dementsprechend ist diese „bürgerliche Revolution" in erster Linie eine politische Revolution gewesen, ein Grundkonflikt um die Kompetenz zur Staatsführung zwischen den Anhängern des Status quo im Jahr 1789 – im wesentlichen den Privilegierten – und den aufgeklärten Reformern und allen Kräften, die hinter ihnen standen, vor allem dem „parti national", aber auch – wenn auch indirekt und ohne gleiche Zielsetzungen – den Bauern und Sansculotten. Dabei lief die Revolte der ländlichen und städtischen Massen parallel neben der „bürgerlichen Revolution" her, nicht unbeeinflußt von ihr, sondern mit ausgelöst von ihr und sie ständig beeinflussend, ja, sie 1793/94 während der *Terreur* sogar überlagernd. Furet und Richet nennen diesen Vorgang der Überlagerung der „bürgerlichen Revolution" durch die Revolution der Massen „dérapage", „Ausgleiten" der Revolution. Die „bürgerliche Revolution" findet ihren Fortgang erst 1794 mit dem Sturz Robespierres und dem Wieder-in-Kraft-Treten konstitutioneller Praktiken und Prinzipien.

Gegen die Deutung der Französischen Revolution als „bürgerliche Revolution" durch beide Interpretationsschulen sind gewisse Einwände angebracht. Sie sind bisher schärfer gegen die marxistisch-leninistische Revolutionsinterpretation formuliert worden:

Wie sich aus den Forschungen der Wirtschaftshistoriker Shepard B. Clough[72], François Crouzet[73] und Lévy-Leboyer[74] ergibt, hat die Französische Revolution keineswegs die Etablierung des Kapitalismus in Frankreich bewerkstelligt oder auch nur beschleunigt. Im Gegenteil, der heutige Stand der wirtschaftsgeschichtlichen Forschung legt die Auffassung nahe, daß sich die kapitalistische Produktionsweise auch ohne Revolution in Frankreich und im übrigen kontinentalen Europa durchgesetzt hätte, ähnlich wie in England. Es ist sogar wahrscheinlich, daß die Revolution die Ausbildung des Industriekapitalismus in Frankreich selbst stark verzögert hat; bezeichnenderweise entsprach die industrielle Produktion Frankreichs im frühen 19. Jahrhundert nicht im entferntesten der Größe, der Bevölkerung und der Kapitalkraft des Landes, sie entsprach auch nicht der wirtschaftlichen Bedeutung Frankreichs im Europa des gesamten 18. Jahrhunderts. Eric Hobsbawm hat in diesem Zusammenhang zu Recht vom „gigantischen Paradoxon" gesprochen, das Frankreich im revolutionären Zeitalter – im Vergleich mit den übrigen Ländern Europas – darstellte: „Die kapitalistische Wirtschaft bildete in Frankreich einen Überbau, der auf

[72] Shepard B. Clough: Retardative Factors in French Economic Growth at the end of the *Ancien Régime* and during the French Revolutionary and Napleonic periods. In: Studies in Economics and Economic History. Essays in honor of H. M. Robertson. Ed. by Marcelle Koy. London 1972, S. 187–211. Deutsch bei Eberhard Schmitt (Hrsg.): Die Französische Revolution. Köln-Berlin 1976, S. 181–200.

[73] François Crouzet: Angleterre et France au XVIIIe siècle. Essai d'analyse comparée de deux croissances économiques. In: Annales (E.S.C.). Bd. 21 (1966), S. 254–291.

[74] M. Lévy-Leboyer: La croissance économique en France au XIXe siècle. Résultats préliminaires. In: Annales (E.S.C.). Bd. 23 (1968), S. 788–807.

dem Fundament einer unbeweglichen Bauernschaft und Kleinbourgeoisie stand"[75].

Von diesen modernen wirtschaftsgeschichtlichen Ergebnissen her fällt mit einer gewissen Notwendigkeit die Deutung der Revolution als Revolution des Übergangs vom Feudalismus zum Kapitalismus in sich zusammen. Unhaltbar erscheint auch die Wertung der *Terreur* als Höhepunkt der „bürgerlichen Revolution": wenn es im frühen 19. Jahrhundert keine nennenswerte kapitalistische Produktion in Frankreich gab, kann die *Terreur* der kapitalistischen Produktionsweise durch ein Beiseite-Räumen der feudalen Trümmer auch nicht zum Durchbruch verholfen haben. Selbst die Deutung, die Französische Revolution habe dem Kapitalismus in Frankreich den Weg geebnet, geht schon zu weit: ein solch irresistibler Prozeß wie der Übergang zur kapitalistischen Produktionsweise bedurfte der Hilfeleistungen der Französischen Revolution nicht. Und wenn überhaupt die Revolution einen Einfluß auf ihn ausgeübt hat, dann – so die Wirtschaftshistorie – allenfalls einen retardierenden.

So erscheint alles in allem die Auffassung Furets und Richets von der „bürgerlichen Revolution" plausibler als die durch quellenfremde Deutungselemente überlastete Interpretation der marxistisch-leninistischen Schule: danach war die Revolution von 1789 im großen und ganzen durch ein Nebeneinanderherlaufen von Revolutionen der Abgeordneten in Versailles, der städtischen Massen und der Bauern auf dem flachen Land charakterisiert. Es macht – aus der Sicht Furets und Richets – gerade den äußerst komplexen Charakter dieser Revolution aus, daß die Massenbewegungen in den Städten und auf dem Land den Charakter einer sozialen Revolution besaßen – gleichzeitig aber im wesentlichen konventionellen Zielen verhaftet blieben und so aus vergleichender historischer Sicht ganz in die Tradition der Bauern- und Bürgeraufstände des Spätmittelalters und der frühen Neuzeit gehören –, während auf der anderen Seite die „Revolution der Notabeln", der aufgeklärten Eliten aus allen Ständen und insbesondere aus der Bourgeoisie, wie sie sich in Versailles und später in Paris innerhalb der legislativen Versammlungen abspielte, eine Auseinandersetzung um politische Macht, d. h. um die Kompetenz zur durchgreifenden inneren Reform und zur Kontrolle der Staatsgeschäfte war.

Was bei beiden Interpretationsrichtungen dennoch als problema-

[75] Eric Hobsbawm: Europäische Revolutionen. Zürich 1962, S. 354.

tisch erscheint, ist ihre Qualifizierung der Revolution als „bürgerliche Revolution". Es ist ganz deutlich, daß weder die eine noch die andere Schule bei Verwendung des Begriffs „bürgerlich" in erster Linie die soziale Trägerschicht der Revolution meint:

In der marxistisch-leninistischen Interpretation wird die Revolution geläufigerweise als Prozeß des Übergangs von der feudalen zur kapitalistischen Produktionsweise und damit verbunden als Konflikt zwischen der Aristokratie und der aufsteigenden Bourgeoisie gesehen. Doch vermag diese Interpretation eine Bourgeoisie im Sinne einer Klasse, die über kapitalistische Produktionsmittel verfügte und gleichzeitig an der Revolution aktiven Anteil nahm, an Hand des Quellenmaterials nicht zu identifizieren. „Bürgerliche Revolution" ist für diese Interpretation vielmehr ein Topos, der den revolutionären Weg des welthistorischen Übergangs vom Feudalismus zum Kapitalismus bezeichnet, aber nicht notwendig auf die soziale Trägerschaft dieses Übergangs hinweist. Faktisch war die frühkapitalistische Bourgeoisie in Teilen – wie u. a. Cobban nachgewiesen hat[76] – während der Terreur sogar Opfer der Revolution, ebenso wie die Aristokratie, ihr angeblicher antagonistischer Gegner, wohingegen die sozialen Trägerschichten der Revolution, die Bauern und das Kleinbürgertum einschließlich der frühproletarischen städtischen Schichten, nicht über kapitalistische Produktionsmittel im Marxschen Sinne verfügten und insofern nicht zur kapitalistischen Bourgeoisie gehörten. Dieser komplexe Sachverhalt wird von dem Begriff „bürgerliche Revolution" nicht erfaßt. Vom didaktischen Standpunkt aus stellt er deshalb einen Nonsens dar.

Das Festhalten an diesem Begriff erklärt sich wohl allein aus der Tatsache, daß die materialistische Revolutionsinterpretation in den vierziger und fünfziger Jahren unseres Jahrhunderts der sog. „bürgerlichen Revolution" einen festen Platz in einer schematischen Gesamtdeutung der Weltgeschichte zugewiesen hatte und seither die Befürchtung hegt, mit der Revision eines Schlüsselbegriffs eventuell auch einer Revision der Gesamtschau dieser Weltgeschichte Vorschub zu leisten.

Furet und Richet sehen die Zusammenhänge hier wesentlich schärfer, indem sie zwischen den politischen Zielsetzungen der Eliten und den sozioökonomischen der Bauern und der Sansculotten unterschei-

---

[76] Vgl. den in Anm. 31 genannten Titel sowie die Diskussion Cobbans mit Lefebvre und Palmer in: Walter Grab (Hrsg.): Die Debatte um die Französische Revolution. München 1975, S. 72–86.

den und dementsprechend die Gemengelagerung der Konflikte während der Revolution herauszuarbeiten vermögen. Sie benutzen den Begriff „bourgeoisie" im Quellensinne – ins Deutsche wäre er relativ zutreffend mit „Besitz und Bildung" zu übersetzen – und stellen ebenfalls fest, daß die Bourgeoisie 1793/94 zu den angefeindeten und verfolgten Gruppen der Revolution gehörte. Insofern sprechen sie von der Phase der *Terreur* als einem „Ausgleiten" der „bürgerlichen Revolution". Doch definieren sie letztlich den Begriff „révolution bourgeoise" nicht vorwiegend nach dem zeitgenössischen Wortgebrauch, sondern nach jenen aufgeklärten Zielen und Ergebnissen des Revolutionsprozesses, die – wie man aus heutiger Sicht leicht feststellen kann – ins 19. Jahrhundert wiesen, die also einen progressiven Charakter besaßen.

Auf der anderen Seite geht aber auch der Furetsche und Richetsche Gebrauch von „révolution bourgeoise" offensichtlich auf eine Gesamtschau vom Gang der Weltgeschichte zurück, die allerdings mit den Hauptzügen der historischen Erfahrung der Zeit seit der Französischen Revolution vereinbar ist: Sie faßt dem Anschein nach das Einmünden der Revolution der aufgeklärten Eliten in das konstitutionelle, wirtschaftsliberale und individualistische 19. Jahrhundert in Frankreich als einen welthistorisch notwendigen und fast modellhaften Prozeß auf, den sie insgesamt „bürgerlich" nennt. Es fragt sich, ob diese Sicht weit von der bekannten Hegelschen geschichtsphilosophischen Sicht entfernt ist, wonach die Weltgeschichte nichts anderes ist als „der Fortschritt im Bewußtsein der Freiheit", den der Philosoph „in seiner Notwendigkeit zu erkennen" hat[77]. Es wäre zu fragen: wie begründet der Historiker – in diesem Falle Furet und Richet –, daß er dem Philosophen folgt, der über spezifisch andere Grundlagen der Erkenntnis verfügt, über Grundlagen, die ohne weiteres den historischen Quellenaussagen diametral widersprechen können? Daß bei Furet und Richet eine solche Begründung fehlt, macht ihre Verwendung des Begriffs „bürgerliche Revolution" problematisch.

[77] G. F. W. Hegel: Vorlesungen über die Philosophie der Geschichte (Werke in zwanzig Bänden – Theorie Werkausgabe. Bd. 12. Frankfurt am Main 1970, S. 32).

IV. Forschungslücken und Forschungsdesiderata

Wie in allen Bereichen der Geschichtswissenschaft, so sind auch auf dem Gebiet des ausgehenden Ancien Régime und der Französischen Revolution die Lücken in unseren Kenntnissen gelegentlich größer als unsere positiven Kenntnisse von den entsprechenden Epochen. Das ist ein Umstand, der in den gängigen Schulbüchern, in den Handbüchern und populären Darstellungen über diese Zeit viel zu wenig zum Ausdruck kommt. Auf der anderen Seite ist das bekannte, ausgewertete und jederzeit zugängliche Material trotzdem bereits so groß, daß es in keiner handlichen Darstellung mehr Platz finden kann. Der jeweilige Autor ist deshalb genötigt, bestimmte Auswahlkriterien an dieses Material anzulegen, wenn er an die Abfassung einer Geschichte der Französischen Revolution geht.

Von einem modernen Autor zur Geschichte dieser Revolution darf der Leser heute billigerweise erwarten, daß er von ihm an irgendeiner Stelle in seinem Werk in groben Zügen über den Charakter der benutzten Kriterien bei der Stoffauswahl informiert wird, um sich selbst ein Bild von der Tendenz und gegebenenfalls der wissenschaftlichen Qualität der Darstellung machen zu können. Dabei ist es nicht nur wichtig, daß man als Leser über eventuelle einseitige diplomatiegeschichtliche, sozialgeschichtliche, kulturgeschichtliche und ähnliche Darstellungspräferenzen des Autors sowie über seine weltanschauliche bzw. ideologische Neigung, Geschichte im allgemeinen und die Französische Revolution im besonderen zu deuten, eine gewisse Kenntnis erhält, es erweist sich darüber hinaus meist als notwendig, die wichtigsten neueren Forschungsergebnisse und die weiterbestehenden Forschungslücken zu kennen, um zu einem fundierten Urteil über die wissenschaftliche Qualität einer Darstellung zu kommen.

Von den neueren Forschungsergebnissen und den um sie inzwischen entbrannten Kontroversen war im vorhergehenden Abschnitt in exemplarischer Weise die Rede. Stärker noch haben wir uns im folgenden Abschnitt einzuschränken: denn die Zahl der Forschungslücken innerhalb der Geschichte des Ancien Régime und der Französischen Revolution ist kaum erfaßbar. Ein Großteil dieser Lücken wird freilich immer bestehen bleiben, weil im Lauf der Zeit entscheidend wichtiges Material verlorengegangen oder vernichtet worden ist. Andere Forschungslücken können dagegen in den kommenden Jahrzehnten ohne große Mühe geschlossen werden: noch immer harren beträchtliche Quellenbestände der Durcharbeitung oder der Neuinterpretation. Im folgenden Abschnitt soll eine Reihe solch wichtiger Forschungsdesiderata vorgestellt werden, und zwar unter einem doppelten Gesichtspunkt: einmal unter dem Gesichtspunkt, daß ihre Existenz eine abschließende Beurteilung der Französischen Revolution erheblich erschwert, und zum anderen unter dem Gesichtspunkt, daß ihre Kenntnis dazu beizutragen vermag, die wissenschaftliche Tendenz und Brauchbarkeit einer modernen Darstellung mitzubeurteilen. Denn eine neuere Geschichte der Französischen Revolution, die so tut, als gäbe es derartige Forschungsdesiderata nicht, führt den Leser in die Irre. Sie verschleiert ihm Erhebliches, und was sie ihm enthüllt, verliert an Glaubwürdigkeit.

a) Die Verfassungs- und Verwaltungsstruktur des Ancien Régime

Das Ancien Régime in Frankreich besaß eine weitaus kompliziertere Verfassungs- und Verwaltungsstruktur als moderne konstitutionelle Regierungssysteme. Zugehörig dem Typus der ständischen Monarchie, der in Europa vom 14.–18. Jahrhundert dominierte, verfügte es fast über das ganze Repertoire staatlicher Beratungs-, Entscheidungs- und Durchführungsinstanzen sowie ständisch-korporativer, sowohl lokaler wie regionaler Kontroll- und Zustimmungsgewalten, das die Zeit überhaupt kannte. Der Versuch der französischen Krone seit Ludwig XIII. und seit Richelieu, den Bereich von Regierung und Verwaltung in absolutistischer Weise zu zentralisieren und zu unitarisieren und einen einheitlichen Untertanenverband zu schaffen, ist in der Praxis des Ancien Régime nie von wirklichem Erfolg gekrönt gewesen[78]: dieses Ancien Régime war ganz im Gegenteil bis zu seinem

---

[78] Vgl. dazu Daniel Ligou: „Aux quatre coins de la France, on respectait profondément le Roi, on haissait souvent son administration et surtout sa fiscalité, et, dans la mesure du possible, villes, états provinciaux, corps privilégiés, faisaient ce qu'ils voulaient. La monarchie d'Ancien régime n'a pas ... réussi à unifier la France ..." (Une source importante de l'histoire du XVIIIe siècle. Le fond maçonnique de la Bibliothèque nationale. In: Actes du quatre-vingt-neuvième congrès national des sociétés savantes. Hrsg. v. Ministère de l'Education Nationale sowie vom Comité des travaux historiques

Ende wesentlich durch das Nebeneinanderbestehen zahlreicher kon-
kurrierender Räte, Gremien, Instanzen und Behörden auf allen Regie-
rungs- und Verwaltungsebenen gekennzeichnet.

Die Komplexität der Verhältnisse, das Ineinanderwuchern der
Kompetenzen, die mangelnden Abgrenzungen zwischen einzelnen
Instanzen machen insgesamt den wissenschaftlichen Zugriff schwierig:
der Forscher, der sich mit dieser Materie beschäftigt, hat ein diffuses
Quellenmaterial zu bewältigen, das zudem noch räumlich weit ver-
streut ist. Dies dürfte der Hauptgrund dafür sein, daß wir bis heute
keine Geschichte des Regierungssystems des ausgehenden Ancien Régime besitzen, und zwar des Regierungssystems, so wie es funktionier-
te, wie es im Ineinanderagieren seiner Elemente Leistungen und Fehl-
leistungen produzierte. Desgleichen fehlt es bis zur Stunde an einer
bloßen Verfassungs-, Institutionen- und Rechtsgeschichte der letzten
Jahrzehnte vor der Revolution[79]. Unbehandelt ist besonders die Zeit
seit dem Regierungsantritt Ludwigs XVI. im Jahr 1774, was fast unbe-
greiflich ist: hier fehlt es an einer eingehenden Analyse des *Conseil
d'Etat du Roi*, des zentralen Planungs- und Entscheidungsinstruments
der Monarchie, an einer detaillierten Untersuchung der Politik der
einzelnen Ministerien, an einer gründlichen Darstellung der perma-
nenten Oppositionspolitik der Parlamente (der obersten Gerichte der
Monarchie) sowie an einer neueren, ins einzelne gehenden Studie über
die Provinzialversammlungen, deren Personal – wie wir heute wissen –
1789 den Stamm der großbürgerlichen Revolutionäre stellte[80]. Neuerdings untersucht sind dagegen die Intendanten[81] und deren *Sub-délé-
gués*[82], die Notabelnversammlungen von 1787 und 1788[83] sowie die

et scientifiques, Lyon 1964, section d'histoire moderne et contemporaine. Paris
1964–1965. Bd. 2 (1965), S. 31–49, 41). Ähnlich äußerten sich Fritz Hartung und Roland
Mousnier in ihrem berühmten Forschungsbericht auf dem X. Internationalen Historikerkongreß in Rom: Quelques problèmes concernant la monarchie absolue. In: Relazioni del X Congresso Internazionale di Science Storiche. Bd. IV. Firenze 1955, S. 1–55, 47.
[79] Einen groben Überblick geben Pierre Goubert: L'Ancien Régime. Bd. 2: Les pouvoirs. Paris 1973 (Collection „U") sowie Roland Mousnier: Les institutions de la France
sous la monarchie absolue 1598–1789. Tome I: Société et Etat. Paris 1974.
[80] Vgl. Rolf Reichardt: Die revolutionäre Wirkung der Provinzialverwaltungsreform
1787–1790. In: Probleme des Übergangs vom Ancien Régime zur Französischen Revolution. Göttingen 1977.
[81] Vgl. Vivian R. Gruder: The Royal Provincial Intendants. A Governing Elite in
Eighteenth Century France. Ithaca (N. Y.) 1968.
[82] Vgl. J. Ricommard: Les subdélégués des intendants aux XVIIe et XVIIIe siècle. In:

größte Zahl der Provinzialstände am Vorabend der Revolution[84], desgleichen das Problem der französischen Finanzpolitik[85], das den Staat bekanntlich im August 1788 in die Knie zwang. Alles in allem reichen unsere Kenntnisse bis heute bei weitem nicht aus, um das Verhalten der französischen Krone in den entscheidenden Jahren 1787–1789 angemessen zu beurteilen[86]. In der Tat geht in keiner Gesamtdarstellung des Ancien Régime oder der Revolution der betreffende Autor über pauschale Urteile hinsichtlich der französischen Regierungspolitik hinaus. Und doch scheint die Frage, warum die Krone und mit ihr Regierung und Verwaltung in ihrer Aufgabe versagten, die Bevölkerung des Königreiches zu integrieren und dementsprechend zeitgemäße Steuer-, Rechts-, Verwaltungs- und Wirtschaftsreformen durchzuführen, ganz im Zentrum allen Suchens nach den Ursachen der Französischen Revolution zu stehen.

Das Desinteresse der Forschung an den Fragen des Regierungsprozesses im weitesten Sinne erstreckt sich im übrigen auch auf die Epoche der Französischen Revolution selbst. Zwar liegt eine neuere Institutionengeschichte der Revolution vor[87]. Doch mangelt es spürbar an einer Untersuchung, wie sich während der einzelnen Phasen der Revolution der Prozeß der politischen Willensbildung und Entscheidungsfällung

---

L'information historique, Jgg. 1962, S. 139–148 und 190–195, Jgg. 1963, S. 1–7; sowie Michel Antoine: Les subdélégués généraux des intendances. In: Revue historique de droit français et étranger 53 (1975), S. 395–435; ders.: La notion de subdélégation dans la monarchie d'Ancien Régime. In: Bibliothèque de l'Ecole des Chartes. T. CXXXII (1974). Paris 1975, S. 267–287.

[83] A. Goodwin: Calonne, The Assembly of French Notables of 1787 and the Origins of the „Revolte Nobiliaire". In: The English Historical Review 61 (1946), S. 202–234 und 329–377. Jean Egret: La seconde Assemblée des Notables (6 novembre – 12 décembre 1788). In: Annales historiques de la Révolution française 21 (1949), 193–228.

[84] Vgl. die ausführliche Bibliographie bei E. Schmitt: Repräsentation und Revolution. Eine Untersuchung zur Genesis der kontinentalen Theorie und Praxis parlamentarischer Repräsentation aus der Herrschaftspraxis des Ancien Régime in Frankreich (1760–1789). München 1969, sowie bei Rolf Reichardt (vgl. Anm. 80).

[85] Vgl. die glänzende Studie von J. Bosher: French Finances, 1770–1795. New York 1971.

[86] Dieser Satz gilt trotz des Vorliegens der Arbeit von Jean Egret: La Pré-révolution française (1787–1788). Paris 1962. Die deskriptive Studie Egrets bringt eine Fülle teilweise aufschlußreicher Details, dringt jedoch nicht zu einer Analyse des Zusammenbruchs des Ancien Régime vor.

[87] Jacques Godechot: Les institutions de la France sous la Révolution et l'Empire. Paris ¹1951, ²1968.

in der Regierungsspitze vollzog: wie griffen etwa die Vertreter der Pariser Sektionen von Fall zu Fall in den Entscheidungsprozeß der *Commune* ein, wie stimmte sich der Wohlfahrtsausschuß mit dieser *Commune* ab, welche Interessengruppen – etwa der Bäcker oder der Armeelieferanten etc. – nahmen auf die Entscheidungen des Wohlfahrtsausschusses Einfluß und wie taten sie das, welche unter den Abgeordneten der Montagne hatten an den eigentlichen Regierungsentscheidungen im Rahmen eines engeren Konsultationsprozesses Anteil und welche redeten im Konvent lediglich zum Fenster hinaus? Solche Fragen stellen sich für jede Phase der Revolution zu Dutzenden.

Die bisherige allzu starke Personalisierung des Revolutionsprozesses durch die ältere Historie (beispielsweise die Überbewertung der Rolle Dantons und Robespierres) sowie der seit dem Zweiten Weltkrieg in Schwang gekommene Habitus der marxistisch-leninistischen Historie, Regierungsführung und Verwaltung lediglich als einen Appendix von Klassenhaltungen zu begreifen (einschließlich der Auseinandersetzung um die entsprechende These), verhindern bislang in einem starken Maße eine ernsthafte Beschäftigung mit dieser zentralen Thematik.

b) Die Sozial- und Wirtschaftsstruktur des Ancien Régime

Was die Intensität der Forschungsbemühungen angeht, so sieht es innerhalb des Bereichs der Sozial- und Wirtschaftsgeschichte unvergleichlich besser aus als innerhalb des eben behandelten Bereichs[87a]. Die sozialistische Historie seit Jaurès und später die marxistisch-leninistische Historie, aber auch die Vertreter des neueren strukturanalytischen Ansatzes haben sich stark für diesen Sektor der Geschichte des Ancien Régime interessiert, weil er für sie immer auch gleichzeitig die Geschichte der Unterschichten, der leidenden Massen bedeutete. Das Ergebnis ist dementsprechend vielseitig und umfassend; es gliedert sich in zwei größere Bestände: in Forschungen zur Arbeits- und Lebenswelt sowohl der ländlichen wie der städtischen Bevölkerung.

Was die Bevölkerung des flachen Landes angeht, so ist die Zahl der Forscher, die sich mit ihr beschäftigt haben, inzwischen recht groß, was freilich gerechtfertigt ist, da diese ländliche Bevölkerung um 1789

[87a] Vgl. dazu den umfassenden Forschungsbericht von Rolf Reichardt: Bevölkerung und Gesellschaft Frankreichs im 18. Jahrhundert: Neue Wege und Ergebnisse der sozialhistorischen Forschung 1950–1975 (erscheint 1976 in der Zeitschrift für Historische Forschung).

noch rund 85% der französischen Gesamtbevölkerung ausmachte. Unsere Kenntnisse der ländlichen Lebens- und Arbeitsverhältnisse stammen dabei ausnahmslos aus exemplarischen Studien, die sich entweder mit einer Stadt oder einer Region oder einer sozialen Schicht innerhalb eines räumlich eng begrenzten Raumes befaßt haben. So ist das zentrale Problem, mit dem die Sozial- und Wirtschaftshistorie des Ancien Régime zu ringen hat, die Aufarbeitung kaum vorstellbar umfassender Quellenbestände: bislang sind nur wenige regionale Bereiche des alten Frankreich durch die Forschung systematisch erschlossen[87b], und alle unsere Aussagen über die bäuerliche Welt dieses

Zur Forschungslage: die eingehend untersuchten Regionen
des späten 18. Jahrhunderts in Frankreich

[87b] Hervorzuheben sind besonders die Forschungen – vgl. die obenstehende Skizze – von: Etienne Juillard: La vie rurale dans la plaine de Basse-Alsace: Essai de géographie sociale. Strasbourg-Paris 1953; Roland Marx: Recherches sur la vie politique de l'Alsace prérévolutionnaire et révolutionnaire. Paris-Strasbourg 1966; ders.: La Révolution et les classes sociales en Basse-Alsace: Structures agraires et vente des biens nationaux. Paris 1974; Maurice Lacoste: La Crise agricole dans le département de la Meurthe à la fin de

Ancien Régime sind deshalb nichts anderes als Verallgemeinerungen nur punktuell zutreffender Forschungsergebnisse.

Unter den neueren Historikern stechen Namen wie Georges Lefebvre[88], Pierre de Saint Jacob[89], Paul Bois[90], Abel Poitrineau[91], Guy Lemarchand[92], Régine Robin[93] sowie der des Sowjetrussen A. Ado[94] hervor, der als einziger Forscher bisher eine Synthese unserer Kenntnisse der revolutionären bäuerlichen Bewegung zwischen 1789 und 1794 versucht hat. Im Verlauf dieser jüngeren Forschungen sind eine Fülle von neuen Einzelheiten in das Blickfeld getreten, die gleichzeitig unseren Blick für eine beträchtliche Reihe noch unerforschter Probleme geschärft haben.

l'Ancien Régime et au début de la Révolution. Nancy 1951 (vgl. J.-A. Lesourd in: Annales de l'Est, Sér. 5,2 (1951), S. 219–231); Albert Soboul: Les Campagnes montpelliéraines à la fin de l'Ancien Régime: Propriété et cultures d'après les compoix. Paris 1958; Mohamed el Kordi: Bayeux aux XVIIe et XVIIIe siècles: Contributions à l'histoire urbaine de la France. Paris 1970; Georges Lefebvre: Etudes oreléanaises. Bd. I: Contribution à l'étude des structures sociales à la fin du XVIIIe siècle. Paris 1962; Louis Merle: La Métairie et l'évolution agraire de la Gâtine poitevine de la fin du Moyen Age à la Révolution. Paris 1958; Joseph Dehergne: Le Bas-Poitou à la veille de la Révolution. Paris 1964; Jean Sentou: Fortunes et groupes sociaux à Toulouse sous la Révolution, 1789–1799: Essai d'histoire statistique. Toulouse 1969; Georges Frêche: Toulouse et la région Midi-Pyrénées au siècle des lumières, vers 1670–1789. Toulouse 1974; Jean Bastier: La Féodalité au siècle des lumières dans la région de Toulouse, 1730–1790. Paris 1975; René Baehrel: Une Croissance: La Basse-Provence rurale, fin du XVIe siècle – 1789. Paris 1961; Jean Merley: La Haute-Loire de la fin de l'Ancien Régime aux débuts de la IIIe République, 1776–1886. 2 Bde. Roanne 1974.

[88] Georges Lefebvre: Les Paysans du Nord pendant la Révolution française. Paris 1924. Nouv. éd. 1972.

[89] Pierre de Saint Jacob: Les paysans de la Bourgogne du nord au dernier siècle de l'Ancien Régime. Paris 1960 (Thèse-lettres).

[90] Paul Bois: Paysans de l'ouest. Paris 1960.

[91] Abel Poitrineau: La vie rurale en Basse Auvergne au XVIIIe siècle (1726–1789). 2 Bde. Paris 1965 (Publications de la Faculté de Lettres de Clermont. 2e série. No 23).

[92] Guy Lemarchand: Structure sociale d'après les rôles fiscaux et conjoncture économique dans le Pays de Caux. In: Bulletin de la Société d'Histoire Moderne. 14e série. No 12. 68e Année (1969), S. 7–11. Lemarchand ist mit zahlreichen weiteren kleineren Veröffentlichungen als Spezialist der Geschichte des platten Landes im letzten Jahrhundert des Ancien Régime hervorgetreten.

[93] Régine Robin: La société française en 1789: Semur-en-Auxois. Paris 1970.

[94] A. Ado: Le Mouvement paysan pendant la Révolution française. Moscou 1971 (lt. A. Soboul liegt bisher lediglich eine russische Fassung vor, eine französische Fassung ist vorgesehen – vgl. Anm. 113).

An erster Stelle steht die Frage, inwieweit die bäuerliche Welt des ausgehenden Ancien Régime noch vom Vorhandensein der sog. *féodalité* geprägt war, d. h. ob und inwieweit die Beziehung *seigneur* (Grundherr) – *tenancier* (Grundholde, Hintersasse) das tägliche Leben auf dem Land in seinen Bann zwang. In diesem Punkt gehen die Meinungen je nachdem, auf welche Einzelbeispiele oder exemplarischen Forschungsergebnisse man sich stützt, auseinander: während etwa Soboul die Meinung vertritt, die Existenz der Grundrente habe generell das bäuerliche Leben im Ancien Régime dominiert[95], vertritt Furet die Auffassung, daß die Grundrente gegen 1789 sowohl auf der Abgabenseite (bei den Grundholden) wie auf der Einnahmeseite (bei den Grundherren) nicht mehr den wichtigsten Posten gebildet habe[96], im ersten Fall vielmehr im Lauf des 18. Jahrhunderts von den königlichen Steuern, im zweiten Fall von den Erträgnissen der Eigenwirtschaft der Grundherren überholt worden sei.

Diese neuere Kontroverse macht deutlich, daß es bisher an einer systematischen Erfassung der Problematik auf breiter Quellenbasis fehlt: im Zuge einer solchen Erfassung wäre zunächst zu klären, wie groß der Anteil der grunduntertänigen Landwirte gemessen an der Zahl der überhaupt in der Landwirtschaft Beschäftigten war und wieviel Prozent a) der bebauten Fläche Frankreichs und b) der landwirtschaftlichen Erträge ganz Frankreichs auf diesen grunduntertänigen Bauern entfielen. Sodann wäre zu klären, wie sich die – im einzelnen unendlich variantenreiche – Summe der Gesamtabgaben des *tenancier* im Durchschnitt zusammensetzte: welchen Prozentsatz seines Nettoeinkommens er an den Grundherrn in Form von Geld- und Naturalabgaben, in Form unterschiedlichster Leistungen und Dienste und in Form der Verpflichtung zur Wahrnehmung der herrschaftlichen Banngerechtsamen (Benutzung der Mühle, der Kelter, des Backofens etc.) zu entrichten hatte, weiterhin welchen Prozentsatz er in Form von direkten oder indirekten Steuern (*Taille, Aides, Gabelle* etc.) an den Staat abführte, und wie stark er durch den Kirchenzehnten *(Dîme)* belastet war.

Auf der anderen Seite wäre durch ähnliche Erhebungen auf breiter

---

[95] „La rente foncière, féodale pour l'essentiel, domine la vie agricole et donc l'ensemble de l'économie" (Albert Soboul in: La civilisation et la Révolution française. T. 1: La crise de l'Ancien Régime. Paris 1970, S. 44).

[96] François Furet: Der revolutionäre Katechismus. In: Die Französische Revolution (hrsg. v. Eberhard Schmitt). Köln-Berlin 1976, S. 56–60.

Basis zu klären, ob der Komplex der feudalen, seigneurialen und domanialen Abgaben, der mit dem Begriff „Grundrente" erfaßt werden kann, auf der Einnahmeseite a) der Gesamtzahl der nichtgrunduntertänigen landwirtschaftlichen Betriebe und b) bei den eigentlichen *seigneurs* nennenswert zu Buche schlug. Bisher ist in der wissenschaftlichen Literatur die gesamte Skala der denkbaren Auffassungen zu finden, die sich ihrerseits in der Regel auf durchaus belegbare Einzelbeispiele stützen. Doch unklar ist bisher, wie repräsentativ solche Einzelbeispiele, ja sogar, wie repräsentativ die Ergebnisse der inzwischen intensiv erforschten Regionen für ganz Frankreich sind.

Einer lückenlosen Erforschung der Problematik sind im übrigen Grenzen gesetzt: im Zuge der Erfassung der entsprechenden Daten wären die seigneurialen Besitztitel zu überprüfen, die Rechnungsbücher der Grundherrschaften, Notariatsakten, in denen bei Kauf, Verkauf, Erbschaft etc. die Einnahmen einer Seigneurie aufgelistet wurden, die Unterlagen der Steuerpächter, einschlägige Prozeßakten etc. Selbstredend ist viel Material im Laufe der Revolution verlorengegangen, insbesondere während des Sturms der Bauern auf die Adelssitze im Sommer 1789 und in den Jahren 1793/94 im Anschluß an einige Dekrete des Konvents, in denen die Vernichtung aller feudalrechtlichen Unterlagen angeordnet wurde[97]. Doch ungeachtet der großen Verluste ist genügend Material unterschiedlichster Natur und Aussagekraft erhalten geblieben, um die wichtigsten der angeschnittenen Fragen einer Lösung näherzubringen.

Neben den angeschnittenen zentralen Punkten harren eine Fülle weiterer Probleme der bäuerlichen Lebens- und Arbeitswelt der Durcharbeitung, so Fragen der Demographie, der Betriebswirtschaft, der sozialen Organisation, Schichtung und Mobilität, der Mentalität und Glaubensvorstellungen wie überhaupt des bäuerlichen Erwartungshorizonts gegen Ende des Ancien Régime, den man kennen müßte, um letztlich die Frage zu entscheiden, ob die Revolution der Bauern 1789 und ihre Fortsetzung bis in das Jahr 1794 hinein ein eigenständiger Prozeß oder ein von den Ereignissen in Versailles und Paris abhängiger Vorgang war.

Weitaus weniger im Blickfeld der Forschung steht die städtische Bevölkerung des Ancien Régime. In diesem Bereich sind bisher Stu-

---

[97] Vgl. Jacques Godechot: Les institutions de la France sous la Révolution et l'Empire. Paris ¹1951, ²1968, S. 192–197 sowie insbes. 399–400.

dien vor allem über Paris[98], Toulouse[99], Bordeaux[100], Marseille[101] sowie eine Reihe kleinerer Städte – wie Semur-en-Auxois[102] – vorgelegt worden. Ihre Ergebnisse leiden darunter, daß sie mit unterschiedlichen Methodiken erzielt und in unterschiedlichen Terminologien ausgedrückt wurden, so daß sie kaum untereinander vergleichbar sind. Dieser Umstand macht eine Beantwortung der Frage, wie sehr einzelne Ergebnisse unter ihnen verallgemeinert werden dürfen, fast unmöglich.

Vor allen Dingen sind bisher überzeugende Kriterien für die Abgrenzung der einzelnen sozialen Schichten der städtischen Bevölkerung voneinander noch nicht gefunden worden. Daß das Kriterium des Einkommens und des Besitzes dafür nicht hinreicht, darüber besteht in der Forschung Einhelligkeit. Andere Kriterien – soziale Herkunft, ausgeübter Beruf, korporationsrechtliche Zugehörigkeit, Beheimatetsein in einem bestimmten Wohnviertel, Möglichkeit bestimmten Einheiratens, Bildungsgang u. ä. – sind in der Diskussion, doch scheint es, daß die Forschung neuerdings in einer Kombination verschiedener Kriterien die Lösung des Problems anstrebt.

Neben der Frage der sozialen Schichtung der städtischen Bevölkerung des Ancien Régime sind weitere Fragen zum Teil erst angeschnitten: etwa die nach den saisonalen Wanderungsbewegungen vom Land in die Stadt und zurück (das Pariser Bauhandwerk z. B. rekrutierte sich während des Winters regelmäßig zu einem großen Teil aus Maurern, Gesellen und Hilfsarbeitern aus dem Limousin), nach dem Wachstum der städtischen Bevölkerung, nach der sozialen Mobilität in der Stadt, nach den sozialen Spannungen zwischen den einzelnen Schichten, nach ihren Mentalitäten, nach ihren Zielvorstellungen bei Beginn der Revo-

[98] A. Daumard und F. Furet: Structures et relations sociales à Paris au milieu du XVIIIe siècle. Paris 1961 (Cahiers des Annales 18). Vgl. auch die in den Anm. 108–111 genannten Titel.
[99] Vgl. Jean Sentou: La Fortune immobilière des Toulousains et la Révolution française. Paris 1970; ders.: Fortunes et groupes sociaux à Toulouse sous la Révolution française (1789–1799). Essai d'histoire statistique. Thèse 1970.
[100] Vgl. Michel Lhéritier: La Révolution à Bordeaux dans l'histoire de la Révolution française. La fin de l'Ancien Régime et la préparation des Etats généraux (1787–1789). Paris 1942; Alan Forrest: Society and Politics in Revolutionary Bordeaux. Oxford 1975.
[101] Michel Vovelle: Le proletariat flottant à Marseille sous la Révolution française. In: Annales de démographie historique, Jgg. 1968, S. 111–138.
[102] Vgl. Anm. 93.

lution. Doch läßt das weitgefächerte Spektrum heutiger Fragestellungen eine große Anzahl wichtiger und aufschlußreicher Untersuchungen für die nähere Zukunft erwarten.

c) 1789 – Bruch oder Kontinuität?

Ein Blick in die Historiographie über das französische 18. und 19. Jahrhundert zeigt, daß wenigstens achtundneunzig von hundert wissenschaftlichen Bearbeitern dieses Zeitraums ihre Untersuchungen mit dem Jahr 1788 abschließen bzw. mit dem Jahr 1789 anheben lassen[103]. In kaum einer Darstellung werden die Einzelbereiche des Ancien Régime und der Revolution – etwa Regierung, Verwaltung, Wirtschaft, Sozialstruktur, Religion, Kultur etc. – vergleichend angegangen, werden auf Grund überzeugender Materialkenntnisse beide Epochen systematisch nebeneinander behandelt, wird darüber hinaus die Frage aufgeworfen, wie stark das Ancien Régime noch in die Zeit der Revolution hinein gewirkt hat, welche Kontinuitäten sich feststellen lassen. Die Historie geht vielmehr im allgemeinen implizit von der Annahme aus, daß 1789 einen völligen Bruch in der französischen und europäischen Geschichte bedeutet habe, daß mithin der Erzähler dieser Geschichte mit dem Ende des Ancien Régime zu enden oder mit dem Anfang der „neuen Zeit" – 1789 – zu beginnen habe.

Gegen diese recht pauschale und unkritische Beurteilung des Jahres 1789 als geschichtliche Zäsur hat sich Mitte des 19. Jahrhunderts bereits Tocqueville gewendet, der die These vertrat, auf dem Gebiet der Administration sei die Gesamtrevolution nur die Fortsetzerin und Vollenderin der zentralisierenden und unitarisierenden Tendenzen des Ancien Régime gewesen[104]. Die auf Tocqueville folgende Revolutionshistorie hat diese These von einer begrenzten Kontinuität zwar nie abgelehnt, aber sie hat bisher wenig getan, um sie zu erhärten. Indessen ist für den Bereich der Herausbildung der modernen Theorie und Praxis parlamentarischer Repräsentation vor kurzem ebenfalls ein starker Kontinuitätsstrang festgestellt worden, der vom Ancien Régime

[103] Zu den wenigen Ausnahmen gehören u. a. Robert R. Palmer: The Age of Democratic Revolution. 2 Bde. Princeton (N. J.) 1959 und 1964; Jacques Godechot: Les révolutions 1770–1799. Paris ¹1963, ²1965; George Rudé: Revolutionary Europe 1783–1815. London 1964 (zahlreiche Nachdrucke).
[104] Vgl. das berühmte Werk „L'Ancien Régime et la Révolution" (1856), insbes. im Zweiten Buch das 2.–6. Kapitel.

unmittelbar in die Französische Revolution führt[105], und hinsichtlich
des Führungspersonals des Revolutionsjahres 1789 ist jüngst eine er-
staunliche Kontinuität insofern aufgezeigt worden, als klar gemacht
wurde, daß dieses Führungspersonal im wesentlichen aus den Honora-
tioren der Repräsentativkörperschaften des Ancien Régime (Klerus-
versammlungen, Provinzialversammlungen, Munizipalitäten) bestand[106]: in diesen Repräsentativkörperschaften scheint es seine parlamentarischen Erfahrungen erworben zu haben, die es dann auf den
Generalständen von 1789 gegen die Privilegierten und die Krone einsetzte.

So liegt die Vermutung nahe, daß Ancien Régime und Revolution
durch ein weit stärkeres Band der Kontinuität verknüpft waren, als die
Historie bisher annimmt. In der Tat dürfte es ganz in der Logik der
Entwicklung des Jahres 1789 gelegen haben, daß nunmehr Projekte
verwirklicht wurden, die längst als gedankliche Entwürfe bestanden
hatten: für die Einführung des Freihandels – den Turgot schon 1776
durchzusetzen versucht hatte – ist diese Tatsache belegt. Ähnliches
dürfte sich aber auch für die Steuer- und Justizreform, die Enteignung
der Kirchengüter oder die modifizierte Abschaffung der Feudalität
nachweisen lassen. Wahrscheinlich war die ganze Staats- und Verfas-
sungsreform der Jahre 1789–1791, die ja auf aufklärerischem Denken
fußte, in weit stärkerem Maße aus dem Planen des Ancien Régime
inspiriert, als wir bis heute vermeinen. So läßt sich denn auch ohne
weiteres nachweisen, daß bis 1791, bis zur kopflosen Flucht des Königs
nach Varennes, in Frankreich eine ähnliche Entwicklung zur konstitutionellen Monarchie – wie sie sich zur selben Zeit in England vollzog –
möglich war. Eine solche Entwicklung wurde erst abgeschnitten durch
den bekannten Sturm auf die Tuilerien vom 10. August 1792, der eher
ein Putsch als ein Volksaufstand war.

Es spricht infolgedessen vieles dafür, die eigentliche historische
Zäsur in der französischen Geschichte erst mit dem Jahr 1792 anzuset-
zen, mit der Abschaffung der Monarchie und dem Übergang zur
Konventsherrschaft der Girondisten und Jakobiner. Die Einführung

[105] Vgl. Eberhard Schmitt: Repräsentation und Revolution. Eine Untersuchung zur
Genesis der kontinentalen Theorie und Praxis parlamentarischer Repräsentation aus der
Herrschaftspraxis des Ancien régime in Frankreich (1760–1789). München 1969.
[106] Rolf Reichardt: Die revolutionäre Wirkung der Provinzialverwaltungsreform,
1787–1790. In: Probleme des Übergangs vom Ancien Régime zur Französischen Revolution. Göttingen 1977.

eines republikanischen Kalenders, dessen Zählung rückwirkend mit dem 22. September 1792 begann, weist darauf hin, daß auch den Zeitgenossen der Bruch mit der Vergangenheit erst jetzt als irreparabel erschien. Vom Herbst 1792 an häuften sich auch jene Projekte, die eine völlige Umwandlung des Kults, des Erziehungssystems, des Regierungssystems und nicht zuletzt der Wirtschafts- und Sozialordnung anvisierten und die allesamt einen erstaunlichen Glauben an die totale Änderungsfähigkeit der menschlichen Gesellschaft offenbarten.

Indessen – das ist festzuhalten – mangelt es der Revolutionshistorie bislang an Kategorien, um Erscheinungen wie „Bruch" und „Kontinuität" überhaupt systematisch zu erfassen. Zum Zweck einer triftigen Bestimmung des Zäsurcharakters der Jahre 1789 und 1792 wären von den Fachspezialisten vor allem die modernen Bemühungen um eine Revolutionstheorie zu verarbeiten. An dieser Stelle ist inzwischen nur das Fehlen einer irgendgearteten reflektierenden Untersuchung zur Thematik anzuzeigen: ein Mangel, der nicht zuletzt auf das bereits erwähnte Theoriedefizit der heutigen Revolutionshistorie zurückzuführen ist.

d) Soziale Herkunft, Motivationen und Zielsetzungen der revolutionären Akteure

Zu den Kapiteln der Revolutionsgeschichte, die noch zu schreiben sind, gehört die Bearbeitung der Frage, ob und inwieweit die soziale Herkunft der revolutionären Akteure ihr Handeln beeinflußte. Zur Klärung dieser Frage wäre es notwendig, der Biographie aller Revolutionäre, die zwischen 1789 und 1799 auf lokaler, regionaler oder nationaler Ebene Führungspositionen innehatten, nachzugehen. Dabei wäre der Lebensweg der Abgeordneten der Constituante, der Legislative, des Konvents, des Rats der Fünfhundert und des Rats der Alten zu erforschen, des weiteren der der Spitzen der Ministerien und nationalen Behörden, der der Regional- und Lokalverwaltungen, derjenige von bedeutenden Publizisten, Militärs, Diplomaten, von Mitgliedern revolutionärer Clubs: alles in allem hat dieser Personenkreis mehrere zehntausend Menschen umfaßt.

Bisher fehlt es noch weit bis zur Verwirklichung eines solchen Arbeitsprogramms. Es liegen Biographien hauptsächlich der großen Revolutionäre vor, etwa von Sieyes, Mirabeau, Barnave, Danton, Marat, Robespierre, Saint-Just, Barras oder Napoleon Bonaparte. Selten dagegen ist der Werdegang von Revolutionären behandelt worden, die weniger im Licht der Öffentlichkeit standen: doch findet sich auch über ihr Schicksal – weitverstreut in heimat- und lokalgeschichtlichen Blättern – gelegentlich mehr, als man zunächst annehmen möchte. Indessen bleiben daneben eine Fülle von revolutionären Persönlichkeiten, deren sich noch niemals ein Biograph angenommen hat oder über die die bisherigen Forschungen völlig unzureichend sind.

Bevor das entsprechende biographische Quellencorpus nicht aufgearbeitet ist, scheint es jedenfalls unsinnig zu sein, irgendwelche sozialgeschichtlichen Erklärungen für bestimmte politische Bestrebungen der Revolution zu versuchen. In der Tat hat etwa Sydenham an einem begrenzten Quellenmaterial nachgewiesen, daß Girondisten und Jakobiner im wesentlichen dem gleichen sozialen Substrat entstammten, den gleichen Bildungsgang durchliefen und die gleichen Berufe – hauptsächlich juristische – ausübten[107]. Damit ist zunächst die These der älteren sowjetmarxistischen Revolutionshistorie (Manfred) widerlegt, die besagte, daß die Girondisten in ihrer sozialen Zusammensetzung das Groß- und Besitzbürgertum vertreten hätten, die Jakobiner dagegen das Kleinbürgertum, die Handwerker, Gesellen und qualifizierten Arbeiter.

Doch ist andererseits mit der punktuellen Widerlegung einer voreiligen These noch nichts über die tatsächlichen Beziehungen zwischen sozialem Milieu und politischem Handeln ausgesagt: die grundsätzliche Möglichkeit solcher Beziehungen ist heute jedenfalls in der gesamten Revolutionshistorie akzeptiert; doch bereiten generelle und gar konkrete Aussagen, verifiziert an einem repräsentativen Quellenmaterial, bisher unüberwindliche Schwierigkeiten. Es ist gut denkbar, daß diese Schwierigkeiten erst nach einer planvoll vorbereiteten Konzeptualisierung der Thematik unter Einbeziehung der neueren Erkenntnisse der Gruppensoziologie und der Bildungsforschung in umfangreicher Teamarbeit bewältigt werden können. Alle bisherigen Antworten auf die Frage nach dem Grad der Abhängigkeit der politischen Akteure der Revolution von ihrer sozialen Herkunft und ihrem jeweiligen sozialen Milieu sind bis dahin sinnvollerweise suspendiert.

---

[107] M. J. Sydenham: The Girondins. London 1961; ders.: The French Revolution. London 1965, S. 130.

e) Die sozialen Gruppen während der Revolution

Die Geschichte der einzelnen sozialen Gruppen während der Revolution ist unterschiedlich erforscht. Zunächst galt das Augenmerk der Fachspezialisten fast ausschließlich der Bevölkerung von Paris, die bekanntlich während der großen *journées révolutionnaires* (14. Juli 1789, 10. August 1792, 2. Juni 1793) von sich reden machte. Dabei wurde schon um die Jahrhundertwende der pauschalierende Ansatz eines Michelet (für den durchweg *la nation, tout Paris* etc. während der Revolution auf den Beinen war) wie der eines Taine (für den die Revolutionäre ausschließlich aus *contrebandiers, vagabonds, mendiants, la dernière plèbe* oder *bandits* bestanden) überwunden. Aulard und stärker noch Mathiez und Lefebvre begannen die Volksmassen und ihre Aktionen an Hand der Quellen zu differenzieren. Mit den Nachkriegsforschungen etwa von Rudé über die „Massen in der Französischen Revolution"[108] oder von Soboul[109] und Tønnesson[110] über die Pariser Sansculotten hat die Sozialgeschichte der Revolution einen hohen Standard erreicht, so daß heute nicht vom methodischen Ansatz her, sondern lediglich in bestimmten Themenbereichen Desiderate bestehen.

Ununtersucht ist vor allem jene soziale Schicht, die in den Quellen als *bourgeoisie* bezeichnet wird. Nach welchen Kriterien gehörte man um 1789, aber auch um 1793/94 während der Terreur zur *bourgeoisie*? Die Antwort auf diese Frage beschränkt sich bisher in der wissenschaftlichen Literatur auf das Anführen von Einzelbeispielen, von denen nicht feststeht, wie stark sie Allgemeingültigkeit für sich beanspruchen können. Der Mangel einer gründlichen Studie zu diesem Problem darf als umso erstaunlicher gelten, als sowohl die heutige materialistische Revolutionshistorie aller Schulrichtungen wie der strukturanalytische Forschungsansatz davon ausgehen, daß die Französische Revolution eine *révolution bourgeoise* gewesen sei.

---

[108] George Rudé: Die Massen in der Französischen Revolution. München-Wien 1961 (engl. Originalausgabe: The Crowd in the French Revolution. London 1959).

[109] Albert Soboul: Les sans-culottes parisiens an l'an II. Mouvement populaire et gouvernement révolutionnaire 2 juin 1793 – 9 thermidor an II. Paris 1958. 2. Ausg. 1962. Gekürzte deutsche Ausgabe: Die Sektionen von Paris im Jahre II, hrsg. v. Walter Markov. Berlin 1962.

[110] K. Tønnesson: La défaite des Sans-culottes. Mouvement populaire et réaction bourgeoise en l'an III. Oslo-Paris 1959.

Intensive Studien sind des weiteren noch über die unterbürgerlichen Schichten erforderlich, und zwar besonders für den Zeitraum, den Soboul und Tønnesson nicht unterucht haben, d. h. für die Jahre 1789–1793 und 1795–1799. Dabei interessieren nicht nur die sozialen Gruppen und die Berufsrichtungen, aus denen sich die Sansculotterie rekrutierte (kleine Gewerbetreibende, Handwerker, Gesellen, angelernte und ungelernte Arbeiter, Budenbesitzer, Straßenhändler, Haus- und sonstiges Dienstleistungspersonal u. ä.), sondern darüber hinaus wäre jener Kreis von Personen systematisch zu untersuchen, dessen Einkommen weit unterhalb des Existenzminimums lag und der sich aus arbeitsunfähigen, notorisch arbeitsunwilligen, aus kranken, siechen und alten Leuten und gelegentlich auch Kriminellen zusammensetzte und der mehr oder weniger von der Unterstützung durch die kirchliche und staatliche Wohlfahrtspflege und vom Betteln lebte. Ansätze zur Erforschung dieser Problematik sind gemacht[111], doch sind sie weiterzuführen und auszuweiten insbesondere auf die Bevölkerung der französischen Provinzstädte.

Ein weiterer Bereich, dessen Erforschung bisher stark vernachlässigt wurde, ist der der französischen Landbevölkerung während der Revolution. Grosso modo gilt hier das gleiche wie für die französische Stadtbevölkerung während der Jahre 1789–1799. Zu suchen wäre auch hier insbesondere nach Kriterien zur Unterscheidung einzelner sozialer Schichten: zwischen *journaliers* (Tagelöhnern), ehemaligen *métayers* (Naturalpächtern), *fermiers* (Geldpächtern), selbständigen Klein-, Mittel- und Großbauern und reichen grundbesitzenden *bourgeois* bzw. ehemaligen Adeligen dürfte ein erhebliches soziales Gefälle bestanden haben, über das wir bisher wenig wissen[112]. Welche Spannungen gab es 1789 in dieser Landbevölkerung (einmal ungeachtet des Gegensatzes zu den Privilegierten)? Und wie haben sich diese Spannungen im Verlauf der Revolution, besonders im Zuge des Verkaufs der Nationalgüter, verlagert?

[111] Vgl. die Untersuchungen von Jeffry Kaplow: The Names of Kings. The Parisian Laboring Poor in the Eighteenth Century. New York 1972, sowie von Olwen H. Hufton: The Poor of Eighteenth-Century France 1750–1789. Oxford 1974.
[112] Unsere gegenwärtigen Kenntnisse über die Verhältnisse auf dem flachen Land während der Revolution beruhen auf noch schmalerer Forschungsgrundlage als unsere Kenntnisse über die bäuerlichen Verhältnisse während des Ancien Régime (vgl. die Skizze auf S. 83). So gilt als exemplarisch nicht nur in Forschungsansatz und Methodik, sondern auch hinsichtlich der Ergebnisse noch immer Georges Lefebvre: Les paysans du Nord pendant la Révolution française. Paris [1]1924, [2]1972.

Ein anderer Punkt bedürfte ebenfalls vorrangig der Untersuchung: Was waren die Zielsetzungen der französischen Landbevölkerung bei Beginn der Revolution und wie haben sich diese Zielsetzungen im Zug der revolutionären Entwicklung verändert? Welcher Art war die Bindung der Bauern an die Revolution, die sich in Versailles und Paris vollzog? Die *Cahiers de doléances* von 1789 vermitteln uns jedenfalls Vorstellungen von den Zielen der bis 1789 abhängigen Landbevölkerung, die mit der späteren Entwicklung nicht in Einklang zu bringen sind. Hatte diese Bevölkerung des flachen Landes in erster Linie relativ eigennützig die Befreiung von den Domanial-, Seigneurial- und Feudallasten vor Augen und hat sie deshalb bis zum Frühjahr 1794 die Revolutionsregierungen unterstützt? Oder war ihre Bindung an die Revolution weit stärker emotionaler Natur? – ein Eindruck, den man gewinnen könnte, wenn man bedenkt, daß die begeisterungsfähigen französischen Revolutionsarmeen auch nach 1794 ganz überwiegend aus Angehörigen der Landbevölkerung bestanden. Aufschluß über derartige Fragen vermag u. U. eine Untersuchung des Sowjethistorikers A. Ado zu erbringen, die bisher allerdings lediglich auf russisch vorliegt. Albert Soboul hat sie 1973 der Historikeröffentlichkeit vorgestellt[113].

f) Gruppenmentalität und revolutionäre Dynamik

So unbestreitbar die Tatsache ist, daß die revolutionäre Dynamik der Jahre 1789–1794 ganz überwiegend von der Hauptstadt Paris ausging, so wenig ist sie als historisches Phänomen bis heute hinsichtlich ihres Zustandekommens und ihres Charakters hinreichend geklärt. Seit den Forschungen von Rudé (vgl. Anm. 108) steht zweifelsfrei fest, daß es nicht – wie vielfach die Historie des 19. Jahrhunderts annahm – *la canaille* war, die die Hauptmasse der Akteure der *journées révolutionnaires* bildete. Wer an den berühmten Kampftagen der Revolution auf die Straße ging, gehörte überwiegend dem ehrbaren Handwerk an oder verdiente zumindest auf regelmäßige und redliche Weise sein Brot. Dennoch ist für den Historiker unverkennbar, daß die Aktionen der revolutionären Kampftage nicht aus heiterem Himmel kamen, daß sie

---

[113] Albert Soboul: A propos d'une thèse récente. Sur le mouvement paysan dans la Révolution française. In: Annales historiques de la Révolution française. Bd. 45 (1973), S. 85–101 (vgl. auch Anm. 94).

ganz im Gegenteil tiefere Ursachen hatten, daß es auslösende Momente gab und daß ihre Dynamik aus bestimmten teils reflektierten, teils emotionalen Bedürfnissen sowohl der breiten Bevölkerung wie einzelner sozialer Gruppen resultierte.

Um die Ursachen und auslösenden Momente dieser revolutionären Dynamik aufzuschlüsseln, hat die Forschung noch Erhebliches zu leisten, und es scheint so, als würde ihr ein Durchbruch zu befriedigenden Ergebnissen ohne Inanspruchnahme der Kategorien und Erklärungsmodelle der Sozialpsychologie nur sehr schwer gelingen. Bis heute bleibt die Historie jedenfalls bei vordergründigen Erklärungen stehen: so wissen wir, daß das Verhalten des Königs, des Hofs und des überwiegenden Teils des Adels, die sich allesamt mit dem Übergang Frankreichs zur konstitutionellen Monarchie nicht abfanden, allgemeines Mißtrauen auslöste, ein Mißtrauen, das sich nach der mißglückten Flucht des Königs nach Varennes Mitte 1791 verstärkte; daß der Krieg ab Frühjahr 1792 die Angst vor einer inneren und äußeren Konterrevolution potenzierte; daß besonders die Frage der Versorgung der Hauptstadt mit Lebensmitteln die Bevölkerung, zumal auch die Frauen erregte: dieser Punkt ist erst in den allerneuesten Arbeiten voll gewürdigt worden[114]. Es kommt hinzu, daß die Angehörigen einer Reihe von Berufen des Ancien Régime im Verlauf der ersten Revolutionsjahre arbeitslos geworden waren (herrschaftliche Kutscher, Hausbedienstete, Perückenmacher etc.): sie scheinen ein zusätzliches Unruhepotential gebildet zu haben.

Doch erklärt die Kenntnis all der Probleme, die die Gesamtbevölkerung oder die einzelnen Gruppen der Hauptstadt bedrückten, noch nicht die Mechanismen der revolutionären Dynamik von 1789–1794 und vor allen Dingen nicht deren Nachlassen nach dem Sturz Robespierres. War Furcht oder das Bedürfnis nach Sicherheit – im weitesten Sinne – oder das Bedürfnis nach einer gerechten politischen, sozialen und wirtschaftlichen Ordnung das Substrat der Bewegung oder misch-

---

[114] So schreibt ein anonymer Sansculotte Anfang 1793:
  „Du pain, c'est là, la force du combat;
  du pain, c'est là, l'aliment de la victoire".
Vgl. zum gesamten Problem und zur Forschungslage die Arbeit von Susanne Petersen: Die Pariser Versorgungsbedingungen und die Auseinandersetzungen um eine dirigistische Wirtschaftspolitik in der Französischen Revolution (Dezember 1792 – Juni 1793). Ein Beitrag zur Vorgeschichte der Jakobinerdiktatur. Diss. phil. Bochum 1976 (erscheint demnächst im Druck).

ten sich einzelne Elemente von Mal zu Mal in unterschiedlichster Form? Auch in diesem Bereich wird man erst nach einer modernen Konzeptualisierung der Thematik auf wirklich weiterführende Ergebnisse hoffen dürfen.

g) Ursprung und Charakter der Französischen Revolution bei Marx und Engels

Bis zum Ende des Zweiten Weltkrieges konnte sich die Revolutionshistorie verhältnismäßig neutral zu der Frage verhalten, welche Auffassung Karl Marx und Friedrich Engels vom Ursprung und vom Wesen der Französischen Revolution vertreten hatten: die damals dominierende französische sozialistische Schule stand zwar auf dem Boden des historischen Materialismus, hatte aber eine eigenständige Tradition und konnte des spezifischen Bezugs auf die Äußerungen der Klassiker der materialistischen Geschichtsdeutung entraten. Zweifellos waren auch damals die Schriften von Marx und Engels wie die von Trotzki, Lenin u. a. vielen Revolutionshistorikern mehr oder minder bekannt. Aber sie galten als theoretische Beiträge, die in ihrem wissenschaftlichen Ansatz anerkannt wurden, die aber hinsichtlich der Französischen Revolution zu wenig aussagten, um in die wissenschaftliche Erörterung unmittelbar einbezogen zu werden. Insofern waren sie kein Gegenstand der fachlichen Diskussion.

Mit dem Aufkommen der marxistisch-leninistischen Deutung, in der die sozialistische Revolutionshistorie in den sechziger Jahren im wesentlichen aufgegangen ist, hat sich das geändert. Zuerst bei sowjetmarxistischen Historikern, deren Arbeiten ins Französische oder ins Deutsche übersetzt wurden, später auch bei französischen – wie Soboul, Mazauric, Robin – fanden sich ganze Passagen von Marx, Engels, Lenin und – bis 1953 – Stalin (so etwa bei Manfred), die dazu dienten, eine bestimmte Aussage des betreffenden Historikers abzustützen, sie gewissermaßen mit massierter Autorität zu versehen. Gleichzeitig erweckte die marxistisch-leninistische Revolutionshistorie – bewußt oder unbewußt – durch ihre wörtlichen Zitierungen den Eindruck, als seien die Gesamtaussagen ihrer Klassiker theoretisch in den entsprechenden Darstellungen der Französischen Revolution verarbeitet, was für den Außenstehenden nichts Erstaunliches an sich gehabt hätte.

Wie sich aber bei eingehenderen Vergleichen zwischen den Äußerungen zumindest von Marx und Engels über die Französische Revolution mit den Darstellungen der marxistisch-leninistischen Historie ergibt, besteht im allgemeinen bei den entsprechenden Historikern – Walter Markov und Régine Robin etwa bilden seltene Ausnahmen – eine äußerst unzureichende und vor allem keine systematische Kenntnis der Aussagen der Klassiker der materialistischen Geschichtsanschauung zum Gesamtkomplex „Französische Revolution", ja mehr: solche Darstellungen verfälschen in Einzelheiten wie in der Aussagetendenz unter Berufung auf Marx und Engels gelegentlich geradezu die Auffassung der beiden Theoretiker von Ursprung und Wesen der Französischen Revolution.

Im übrigen hat sich gegen diese marxistisch-leninistische Revolutionshistorie in den sechziger und siebziger Jahren eine breite Front zumal anglo-amerikanischer, aber auch französischer Historiker gebildet, denen es darum ging, die marxistisch-leninistischen Auffassungen zu widerlegen, die sie für nicht konform mit den Quellenaussagen hielten. In der Tat konnte im Verlauf oftmals fulminanter Kontroversen (vgl. Abschnitt III) manche Aussage korrigiert und präzisiert werden, allerdings sowohl auf der einen wie auf der anderen Seite, so daß alles in allem die seitherige Debatte durchaus der Erweiterung unserer Kenntnisse förderlich gewesen ist. Doch hat sich dabei einmal mehr das bereits erwähnte große Desiderat bemerkbar gemacht: es fehlt bis zur Stunde eine Sammlung und Analyse aller konkret historischen wie theoretischen Äußerungen der Klassiker der materialistischen Geschichtsanschauung über die Französische Revolution.

Im Verlauf der jüngsten Kontroversen war es deshalb keine Seltenheit, daß die anti-marxistisch-leninistische Revolutionshistorie bestimmte schiefe Aussagen der marxistisch-leninistischen Historie widerlegt und sich dabei dem Glauben hingegeben hat, Marx und Engels widerlegt zu haben, während umgekehrt die materialistischen Revolutionshistoriker häufig meinten, ihren Thesen aus Respekt vor den Klassikern der materialistischen Geschichtsanschauung treu bleiben zu müssen, obgleich sie Marx und Engels mißverstanden und Einzelzitate in einen falschen Kontext stellten: in dieser Hinsicht sind aus heutiger Perspektive viele Diskussionen zumal der sechziger Jahre als groteske Schattenkämpfe zu beurteilen.

Erst Anfang der siebziger Jahre haben u. a. die selbstkritischen Marx-Erörterungen einer Régine Robin[115], die hinsichtlich der theore-

---

[115] Vgl. neben anderen Arbeiten von Régine Robin insbesondere den Aufsatz: La nature de l'état à la fin de l'ancien régime: Formation sociale, Etat et Transition. In: Dialec-

tischen Äußerungen von Marx und Engels versierten Attacken eines
François Furet gegen Mazauric und Soboul[116] wie eine insgesamt größere Theorienähe der jüngeren Revolutionshistoriker das erwähnte
Desiderat fühlbar und offenkundig werden lassen. Im Verlauf der
letzten Jahre ist innerhalb der materialistischen Geschichtsdeutung
spürbar ein Prozeß der Pluralisierung in Gang gekommen, der einer
Selbstbesinnung förderlich ist. So ist heute durchaus die Chance gegeben, die Auffassung der Klassiker der materialistischen Geschichtsanschauung vom Wesen der Französischen Revolution – die in beinahe
jeder neueren Kontroverse eine Rolle spielt – in ruhiger, vergleichender Forschung herauszuarbeiten und damit die Gesamtdiskussion zu
versachlichen: Ansätze dazu sind bereits vorhanden[117].

tiques. No 1 (mai 1973), S. 31–54. Deutsch unter dem Titel: Der Charakter des Staates am
Ende des Ancien Régime: Gesellschaftsformation, Staat und Übergang. In: Die Französische Revolution (hrsg. v. Eberhard Schmitt). Köln-Berlin 1976, S. 202–229.
[116] François Furet: Le catéchisme révolutionnaire. In: Annales (E.S.C.) 26 (1971), S.
255–289. Deutsch in dem in Anm. 115 genannten Band S. 46–88.
[117] Vgl. Auguste Cornu: Karl Marx' Stellung zur Französischen Revolution und zu
Robespierre (1843–1845). In: Maximilien Robespierre 1758–1794. Mit einem Vorwort
von Georges Lefebvre hrsg. v. Walter Markov. Berlin 1961, S. 505–523; Jean Bruhat: La
Révolution française et la formation de la pensée de Marx. In: Annales historiques de la
Révolution française. Bd. 38 (1966), S. 125–170; Eberhard Schmitt und Matthias Meyn:
Ursprung und Charakter der Französischen Revolution bei Marx und Engels. Bochum
1976. Auch in: Probleme des Übergangs vom Ancien Régime zur Französischen Revolu-
tion. Göttingen 1977. Des weiteren hat Hans-Peter Jaeck eine größere Arbeit zur
Haltung des jungen Marx zur Französischen Revolution angekündigt; François Furet,
Jean Meyer, Matthias Meyn und Eberhard Schmitt bereiten zur Zeit eine kommentierte
Ausgabe der wesentlichen Texte von Marx und Engels zur Französischen Revolution
vor.

V. Die wissenschaftliche Organisation
der Fachdisziplin

Die Historiker des späten Ancien Régime und der Französischen Revolution sind bis heute in keinem einheitlichen Verband zusammengeschlossen. Nichtsdestoweniger bestehen organisatorische Strukturen, die die Kommunikation unter den Fachspezialisten erleichtern. Es handelt sich dabei sowohl um Sektionenbildungen innerhalb nationaler und internationaler Wissenschaftsorganisationen wie um freiwillige private Zusammenschlüsse: in beiderlei Rahmen werden vornehmlich Fachkongresse geplant und durchgeführt, spezifische Forschungs- und Editionsvorhaben gefördert, Festschriften zu bestimmten Jubiläen publiziert und Fachzeitschriften herausgegeben.

Zu den Fachorganisationen offiziellen Charakters in Frankreich selbst gehört vor allem das *Comité des travaux historiques et scientifiques* beim *Ministère de l'Education Nationale,* das in eine Reihe von Historiker-Sektionen untergliedert ist. Die wichtigste dieser Sektionen ist die *Commission d'histoire économique et sociale de la Révolution française,* die bisher die Edition einer stattlichen Reihe von Quellenbänden zur Wirtschafts- und Sozialgeschichte der Revolution gefördert hat. Daneben existieren ähnliche Kommissionen bei weiteren Ministerien (u. a. beim Auswärtigen Amt und beim Verteidigungsministerium) und bei der Stadt Paris: sie alle organisieren sowohl Fachkongresse wie die Publikation finanziell aufwendiger Monographien und Quellenwerke.

Eine wichtige Rolle spielt daneben das *Institut d'histoire de la Révolution française* an der ehemaligen Universität von Paris (heute: Université Paris I – Sorbonne). Der Lehrstuhlinhaber für Geschichte der Französischen Revolution an der Sorbonne ist stets gleichzeitig Vorstand dieses Instituts, das bedeutende Forschungsarbeiten betreut. Sein gegenwärtiger Leiter ist Albert Soboul, zu seinen Vorgängern zählten Marcel Reinhard, Georges Lefebvre und Philippe Sagnac.

Auf internationaler Ebene hat sich im Jahr 1975 auf dem Internationalen Historikerkongreß in San Francisco eine *Commission internationale d'Histoire de la Révolution française* als Sektion des Internationalen Historikerverbandes gebildet: ihrem Vorstand gehören u. a. Robert R. Palmer, Ernest Labrousse, Albert Manfred, Jacques Godechot und Albert Soboul, von deutscher Seite Walter Markov (DDR) und Eberhard Schmitt (BRD) an. Zu den Aufgaben dieser *Commission internationale* zählen insbesondere die Organisation von Fachkongressen, ihre Mitglieder treffen sich wenigstens alle fünf Jahre anläßlich der Internationalen Historikerkongresse.

Unter den privaten Zusammenschlüssen ist an erster Stelle die von Albert Mathiez im Jahr 1907 gegründete *Société des Etudes Robespierristes* zu nennen. Bis zum Zweiten Weltkrieg umriß sie ihr Programm folgendermaßen: „*La Société des Etudes Robespierristes ... ne demande pour Robespierre que la justice qui lui est légitimement due. Elle n'est animée contre ses adversaires d'aucune passion préconue. C'est une œuvre purement scientifique qu'elle poursuit. Elle ne limite pas le champ de ses recherches à Robespierre et à son groupe. Elle l'étend à la Révolution toute entière, à ses préludes comme à son épilogue, embrassant ainsi toute la période comprise entre 1770 et 1825 environ*"[118]. Tatsächlich hat sie in durchaus traditioneller Weise die Revolution meist in den Grenzen von 1789–1799 behandelt und hat deshalb auch dieses Programm nach dem Zweiten Weltkrieg fallenlassen, als es überlebt schien. Die *Société des Etudes Robespierristes*, in der gegenwärtig Albert Soboul als Generalsekretär die Geschäfte führt, gibt die bedeutendste Fachzeitschrift für die Geschichte der Französischen Revolution heraus, die *Annales historiques de la Révolution française*.

Daneben gibt es in aller Welt wissenschaftliche Gesellschaften, Organisationen und Zusammenschlüsse von Historikern, bei denen die Erforschung der Französischen Revolution nicht im Zentrum der wissenschaftlichen Tätigkeit steht, die jedoch einen Teil ihrer Aktivitäten entsprechenden Arbeiten widmen. Die bedeutendste unter ihnen ist die *Society for French Historical Studies* in den USA. Sie gibt die wichtige Halbjahresschrift *French Historical Studies* heraus, die Jahr für Jahr bedeutsame Beiträge zur Geschichte der Französischen Revolution enthält.

---

[118] Pierre Caron: Manuel pratique pour l'étude de la Révolution française. Paris ²1947, S. 58.

VI. Der Zugang zu Einzelbereichen der Forschung: Hilfsmittel, Bibliotheken, Archive

Es gibt keine historische Epoche, die eingehender von der Wissenschaft bearbeitet worden wäre als die Französische Revolution. Vielleicht erreicht die Beschäftigung mit der russischen Oktoberrevolution oder mit der Ära des Nationalsozialismus einmal einen ähnlichen Umfang, aber bis dahin dürften noch viele Jahrzehnte vergehen, da gegenwärtig erst ein Teil der hierfür einschlägigen Archive geöffnet ist. Bei einer Beschäftigung mit der Geschichte der Französischen Revolution stellt sich daher zunächst die Frage: wie gelangt man angesichts der immensen wissenschaftlichen Produktion zu einem Überblick?

Trotz der beachtlichen zeitlichen Distanz ist die Debatte über die Beurteilung wesentlicher Ereignisse und Entwicklungen der Jahre 1787–1799, wie mehrfach ausgeführt wurde, noch immer in vollem Fluß. Hier ist es entscheidend, daß man vermittels einer kritischen, an neuen Methoden und Fragestellungen geschulten wissenschaftlichen Literatur Zugang zum Gesamtkomplex bzw. zu einem bestimmten Problemkreis der Französischen Revolution gewinnt. In keinem Werk wird man zwar eine umfassende Antwort auf die bekannte Rankesche Frage „wie es eigentlich gewesen" finden. Dennoch lassen sich aus der Unzahl der bislang verfaßten Revolutionsgeschichten und Einzelstudien einige bessere, wenngleich keineswegs unparteiische nennen, die heutigen kritischen Ansprüchen in hohem Maß genügen. So wenig nämlich die erwähnte Rankesche Frage bislang beantwortet ist, so wenig wird jede neu entstehende Studie daran vorbei können, einen Mosaikstein zur Beantwortung des gesamten Fragenkomplexes „Französische Revolution" beizusteuern, will sie wissenschaftlich genannt werden. Ein solcher Ansatz aber erfordert neben kritischer Distanz zuerst einmal sachliche Information über den gegenwärtigen Stand der Revolutionsgeschichtsforschung.

Welche Werke erfüllen dieses vordringliche Informationsbedürfnis am besten?

Es ist sehr schwer, hier eine klare Antwort zu geben. Dennoch seien aus der Legion der Namen einige Autoren aller Schulrichtungen herausgegriffen, deren Arbeiten modernen Anforderungen methodisch und inhaltlich standhalten. Diese Autoren sind: Richard Cobb, Alfred Cobban, Robert Darnton, Jean Egret, François Furet, Jacques Godechot, Pierre Goubert, Eric Hobsbawm, Ernest Labrousse, Georges Lefebvre, Emmanuel Le Roy Ladurie, Walter Markov, Jean Meyer, Barrington Moore, Roland Mousnier, Robert R. Palmer, Régine Robin, George Rudé, Albert Soboul, M. J. Sydenham, George V. Taylor, Michel Vovelle. Aus ihren Arbeiten läßt sich ein vorzüglicher, bereits auf bestimmte Schwerpunkte hin zu orientierender Überblick gewinnen. Nur Studien und Werke, die ähnlichen Kriterien standhalten wie die Arbeiten dieser Autoren, haben Aufnahme in die folgende Auswahlbibliographie gefunden.

Bei der Bearbeitung einer spezifischen Problematik stellt sich dann das Problem, in den betreffenden Sektor der Revolutionsgeschichte tiefer einzudringen. Dabei erfordert die Erweiterung der bereits erworbenen Kenntnis offener Fragen und wissenschaftlicher Kontroversen dieses Sektors in der Regel das Durcharbeiten einer fast unüberschaubaren, weit verstreuten und oft recht schwer zugänglichen Aufsatzliteratur, die aber fast ohne Ausnahme den letzten Stand der Forschung repräsentiert. Zur Erfassung dieser Literatur, auf die sich jede Spezialstudie stützen muß, bieten sich als beste Arbeitsinstrumente die drei bisher erschienenen Registerbände der größten Fachzeitschrift, der *Annales historiques de la Révolution française*, an, die über einen weltweiten Mitarbeiterstab verfügt:

a) *Table analytique des Annales Révolutionnaires (1919–1923) et des Annales historiques de la Révolution française (1923–1940) par Henri Calvet avec la collaboration de Bouloiseau, Conan, Massé, Nicolle, Soboul. Paris 1949,*

b) *Annales historiques de la Révolution française, table alphabétique et index (1946–1962), préparé par Georges Aubert et Marc Bouloiseau. Paris 1965,* sowie

c) *Annales historiques de la Révolution française, table décennale (auteurs et matières) 1963–1972. Paris 1974.*

Da die *Annales historiques de la Révolution française* über fast jeden Zeitschriftenartikel sowie über fast jedes neue Werk eine Rezension bringen bzw. in einer kurzen Notiz berichten, besteht eine große Wahrscheinlichkeit, auf diese Weise alle relevante Literatur seit dem Ersten Weltkrieg ausfindig zu machen, was meist genügen dürfte: denn weitere Verweise auf ältere Literatur finden sich stets in den angegebenen Arbeiten selbst. Daß es sich hierbei immer noch um ein relativ aufwendiges Unternehmen handelt, wird ersichtlich, wenn man hinzufügt, daß die drei Indexbände etwa 40 000 verschiedene Titel aufschlüsseln.

Neben diesem unentbehrlichen Arbeitsinstrument ist zu verweisen auf

Pierre Caron: Manuel pratique pour l'étude de la Révolution française.

Paris [1] 1912, [2] 1947,

ein Handbuch, das allerdings nur Aspekte der nationalen französischen Revolution einbezieht, also auf ein Einordnen der Problematik in das Phänomen der großen atlantischen Revolution in der zweiten Hälfte des 18. Jahrhunderts verzichtet und überdies wegen seiner beträchtlichen Unübersichtlichkeit ebensoviel Ärger wie Nutzen bereiten wird. Überdies informiert Caron nur über das Schrifttum bis 1946, während die Fülle der heute einschlägigen Literatur gerade aus der Zeitspanne seither stammt. Trotz dieser Einwände ist die Lektüre des Caronschen Handbuchs – das sei mit Nachdruck hinzugesetzt – eine notwendige Aufgabe für jeden, der in eine spezielle Problematik der französischen Revolutionsgeschichte tiefer eindringen will: nirgends findet er genauere Informationen und einen besseren Überblick über die sich in viele Richtungen verästelnde Entwicklung der Forschung bis zum Ende des Zweiten Weltkriegs als hier.

Daneben gibt es eine Reihe bescheidener Arbeitsinstrumente und Hilfsmittel, die den Zugang zu einer begrenzten Thematik erleichtern helfen können:

Einen vorzüglichen, sehr gerafften kritischen Überblick über Einzelprobleme der Revolution bietet *Jacques Godechot: Les révolutions (1770–1799). Paris* [1] *1963,* [2] *1965, S. 9–75,* insbesondere ist seine Bibliographie wertvoll. Ein Einarbeiten in Spezialprobleme erleichtert des weiteren eine Reihe von Sammelbänden, die zu Zwecken der akademischen Lehre, aber auch als Hilfe für die Forschung seit den fünfziger Jahren veröffentlicht worden sind und die bestimmte Themenbereiche des ausgehenden Ancien Régime und der Französischen Revolution unter speziellen Fragestellungen vorstellen. Solche Sammelbände liegen vor von Ralph W. Greenlaw[119], Peter Amann[120], Jeffry Kaplow[121],

[119] Ralph W. Greenlaw (Hrsg.): The Economic Origins of the French Revolution. Poverty or Prosperity? Boston 1958 (Problems in European Civilization).

William F. Church[122], Steven T. Ross[123], Frank A. Kafker und James M. Laux[124], Walter Grab[125] und Eberhard Schmitt[126].

Von großer Bedeutung ist schließlich die alljährlich seit 1953 edierte erschöpfende *Bibliographie annuelle de l'histoire de France*, hrsg. vom *Comité français des sciences historiques*, die die gesamte internationale Literatur zur französischen Geschichte sorgfältig registriert und die in jeder größeren Bibliothek einzusehen ist. Sie ist vor allem für eine umfassende Information über die wissenschaftlichen Neuerscheinungen zur Vorgeschichte der Französischen Revolution unentbehrlich.

Bei Bearbeitung spezieller Themen zur Geschichte der Französischen Revolution stellt sich sodann drängend das Problem der Beschaffung der wichtigsten einschlägigen Literatur. Für die Anfertigung von anspruchsvolleren Seminararbeiten, von Hausarbeiten für die Prüfung zum Lehramt an Höheren Schulen sowie von kleineren wissenschaftlichen Arbeiten (etwa Magisterarbeiten) reicht dabei in der Regel das in der Bundesrepublik zugängliche Material aus, vorausgesetzt, daß genügend Zeit zur Verfügung steht, um es über die Fernleihe zu beschaffen oder an Ort und Stelle zu bearbeiten. Mit älteren Beständen zur Geschichte des späten Ancien Régime und der Französischen Revolution sind vor allem die Staatsbibliothek München und die Universitätsbibliotheken Freiburg und Heidelberg gut ausgestattet, während hinsichtlich der neueren wissenschaftlichen Literatur besonders in der Universitäts- und in der Historischen Fachbereichsbibliothek Mainz, in der Universitätsbibliothek Saarbrücken sowie in der Histo-

---

[120] Peter Amann (Hrsg.): The Eighteenth Century Revolution. French or Western? Boston 1963 (Problems in European Civilization).

[121] Jeffry Kaplow (Hrsg.): New Perspectives on the French Revolution: Readings in Historical Sociology. New York-London-Sydney 1965.

[122] William F. Church (Hrsg.): The Influence of the Enlightenment on the French Revolution. Creative, Disastrous or Non-Existent? Lexington (Mass.) 1968 (Problems in European Civilization).

[123] Steven T. Ross (Hrsg.): The French Revolution. Conflict or Continuity? New York u. a. 1971 (European Problem Studies).

[124] Kafker, Frank A. und Laux, James M. (Hrsg.): The French Revolution: Conflicting Interpretations. New York 1968.

[125] Walter Grab (Hrsg.): Die Debatte um die Französische Revolution. München 1975.

[126] Eberhard Schmitt (Hrsg.): Die Französische Revolution. Anlässe und langfristige Ursachen. Darmstadt 1973 (Wege der Forschung CCXCIII); ders. (Hrsg.): Die Französische Revolution. Köln-Berlin 1976 (Neue Wissenschaftliche Bibliothek).

rischen Institutionsbibliothek der Ruhr-Universität Bochum ansehn-
liche Bestände zur Verfügung stehen.

Bei Bearbeitung einer umfangreicheren wissenschaftlichen Thematik dürfte es allerdings unumgänglich sein, die *Bibliothèque nationale*
in Paris in Anspruch zu nehmen. Zutritt zu dieser größten Bibliothek
Frankreichs mit ihren umfassenden Beständen zur französischen Geschichte erhält man für kürzere Zeit auf persönliche Vorsprache hin,
für längere Forschungsaufenthalte auf eine Empfehlung des Deutschen
Historischen Instituts in Paris[127] hin. Über Spezialbestände anderer
Pariser Bibliotheken informiert man sich zweckmäßigerweise in Paris
selbst, und zwar entweder bei den Informationsstellen der Nationalbi-
bliothek oder bei den zuständigen – stets hilfsbereiten – Referenten des
Deutschen Historischen Instituts[128].

Für Archivforschungen in der französischen Hauptstadt gilt grundsätzlich das gleiche: je nach dem Forschungsinteresse wird man die
Archives nationales, das Archiv des *Ministère des Affaires Etrangères,*
die *Archives de la Préfecture de Police,* die reiche Manuskriptensamm-
lung der *Bibliothèque historique de la Ville de Paris* oder andere
Archive in Anspruch nehmen[129]. Zugang erhält man entweder auf
persönliche Vorsprache oder auf Empfehlung des Deutschen Historischen Instituts hin. Darüber hinaus empfiehlt es sich in jedem Falle,
den fachlichen Rat des *Institut d'histoire de la Révolution française* an
der Sorbonne[130] einzuholen: dort wird man am einfachsten erfahren,
ob ähnliche Forschungsunternehmungen wie das intendierte bereits im
Gange sind oder ob man dabei ist, wissenschaftliches Neuland zu
betreten.

---

[127] Deutsches Historisches Institut – Institut historique allemand: 9, rue Maspéro, Paris
XVIe.

[128] Vgl. des weiteren Pierre Caron: Manuel pratique pour l'étude de la Révolution
française. Paris ²1947, S. 187–200.

[129] Vgl. ebenda, S. 84–179. Des weiteren siehe René Gandilhon und Robert Marquant;
Vorlesungen zum Archivwesen Frankreichs. Marburg 1970 (Veröffentlichungen der
Archivschule Marburg. Nr. 5).

[130] Institut d'histoire de la Révolution française. Université de Paris I (Panthéon –
Sorbonne). Leiter ist gegenwärtig Albert Soboul.

VII. Auswahlbibliographie

Bibliographien und Handbücher

A. Tuetey: Répertoire général des sources manuscrites de l'histoire de Paris pendant la Révolution française. 11 vols. Paris 1890–1914. – F. M. Tourneux: Bibliographie de l'histoire de Paris pendant la Révolution française. 5 vols. Paris 1890–1913. – E. Boursin, J. B. M. A. Challamel: Dictionnaire de la Révolution française. Paris 1893. – J. Robinet, A. Robert, J. Le Chaplain: Dictionnaire historique et biographique de la Révolution et de l'Empire, 2 vols. Paris 1899. – P. Caron: Manuel pratique pour l'étude de la Révolution française. Paris 1912. Nouv. éd. 1947. – A. Martin, G. Walter: Catalogue de l'histoire de la Révolution française. 6 vols. Paris 1936–55. – G. Walter: Répertoire de l'histoire de la Révolution française. 2 vols. Paris 1941–1952. – E. Dolléans, M. Crozier: Mouvements ouvrier et socialiste, chronologie et bibliographie: Angleterre, France, Allemagne, Etats-Unis (1750–1918). Paris 1950. – J. Massin: Almanach de la Révolution française. Paris 1963. – B. Melchior-Bonnet: Dictionnaire de la Révolution et de l'Empire. Paris 1965.

Zeitschriften

La Révolution française. Paris 1 (1881) bis (1939). – Revue historique de la Révolution française. Paris 1 (1910) bis (1923). – Annales révolutionnaires. Paris 1 (1908) – 15 (1923), fortgesetzt u. d. T.: Annales historiques de la Révolution française. Paris 1 (1924) – 17 (1940), 18 (1946)ff. Dazu Registerbände: Table des matières des tomes I à X (Annales révolutionnaires). Repr. London, Paris 1965. Table analytique des Annales révolutionnaires (1919–1923) et des Annales historiques de la Révolution française (1924 à 1940). Paris 1949. Annales historiques de la Révolution française. Table alphabéthique et index (1946–1962). Paris 1965. – Annales historiques de la Révolution française. Table décennale (auteurs et matières) 1963–1972. Paris 1974.

Interpretationsgeschichte

G. P. Gooch: History and Historians in the Nineteenth Century. London 1913. Rev. ed. 1961. Dt. Ausg.: Ders.: Geschichte u. Geschichtsschreiber im 19. Jahrh. Frankfurt/M. 1964. – J. Bourdon: Les tendances politiques et l'interprétation de l'histoire de France de 1787 à 1848. In: Bull. Soc. hist. mod. 37 (1937) 12, S. 2–4. – P. R. Rhoden: Die franz. Revolution im Spiegel der europäischen Geschichtsschreibung. In: C. Brinton: Europa im Zeitalter der Franz. Revolution. Wien 1939. 2. Aufl. 1948, S. 5–38. – P. Farmer: France Reviews Its Revolutionary Origins. New York 1944. Repr. 1963, 1973. – H. Calvet: Sur l'histoire de la Révolution française. In: Rev. hist. mod. contemporaine 1 (1954), S. 301–305. – A. Cobban: The Myth of the French Revolution. London 1955. – P. Geyl: Debates with Historians. Groningen, London 1955. New York 1956. Dt. Ausg.: Die Diskussion ohne Ende. Auseinandersetzungen mit Historikern. Darmstadt 1958. – J. Bourdon: Histoire et psychologie. Points de vue nouveaux sur la Révolution française. In: Rev. synthèse 77 (1956), S. 35–42. – G. Lefebvre: Le mythe de la Révolution française. In: Ann. Hist. Révolution franç. 28 (1956) S. 337–345. – A. Cornu: Karl Marx' Stellung zur franz. Revolution und zu Robespierre (1843–1845). In: Maximilien Robespierre. 1758–1794. Hsg.: W. Markov, G. Lefebvre. Berlin 1958. S. 553–571. – P. Stadler: Geschichtsschreibung und historisches Denken in Frankreich 1789 bis 1871. Zürich 1958. – St. J. Idzerda: The Background of the French Revolution. Washington 1959. – M. Reinhard: Sur l'histoire de la Révolution française. In: Annales (E. S. C.) 14 (1959), S. 553–570. – R. R. Palmer: Révolution française, occidentale ou atlantique? In: Bull. Soc. Hist. Mod. (1960), S. 2–7. – G. F. E. Rudé: Interpretations of the French Revolution. London 1961. – J. L. Godechot: Problèmes et directions de recherche. In: Ders.: Les révolutions, 1770–1799. Paris 1963, S. 233–269. – The Eighteenth-Century Revolution: French or Western? Ed.: P. Amann. Boston 1963. – H. Bock: 1789 und 1813. Das Zeitalter der Franz. Revolution in der reaktionären deutschen Geschichtsschreibung. In: Zeitschr. f. Geschichtswiss. 12 (1964), S. 1359–1383. – A. Cobban: The Social Interpretation of the French Revolution. Cambridge (Mass.) 1964. – New Perspectives on the French Revolution. Ed.: J. Kaplow. New York 1965. – P. Renouvin: Research in Modern and Contemporary History: Present Trends in France. In: J. Mod. Hist. 38 (1966), S. 1–12. – H. Ben-Israel: English Historians on the French Revolution. London 1968. – The French Revolution: Conflicting Interpretations. Eds.: F. A. Kafker, J. M. Laux. New York 1968. – A. Z. Manfred: Die Große Franz. Revolution des 18. Jahrh. und die Gegenwart. In: Studien über die Revolution. Hsg.: M. Kossok. Berlin 1969, S. 157–176. – A. Soboul: La Révolution française dans l'histoire du monde contemporain. Ebd. S. 62–93. Auch in: E. Schmitt (Hsg.): Die Franz. Revolution. Anlässe und langfristige Ursachen. Darmstadt 1973, S. 359–407. – A. Gérard: La Révolution française, mythes et interprétations, 1789–1970. Paris 1970. – C. Mazauric: Sur une nouvelle conception de la Révolution. In: Ders.: Sur la Révolution française. Paris 1970, S. 21–61. – H. Heising: Die Deutung der Franz. Revolution in der franz. Historiographie 1815–1852. Diss. Köln 1971. – W. Schmidt: Zur Rolle der Bourgeoisie in den bürgerlichen Revolutionen von 1789 und 1848. In: Zeitschr. f. Geschichtswiss. 21 (1973), S. 301–320. – G. J. Cavanaugh: The Present State of French Revolutionary

Historiography: Alfred Cobban and Beyond. In: French Historical Studies 7 (1972), S. 587–606. – E. Schmitt: Artikel „Französische Revolution" in: Sowjetsystem und demokratische Gesellschaft. Eine vergleichende Enzyklopädie. Bd. 5. Freiburg-Basel-Wien 1972, Sp. 721–748. Auch in: Th. Schieder (Hsg.): Revolution und Gesellschaft. Theorie und Praxis der Systemveränderung. Freiburg (Br.) 1973, S. 65–95. Englisch in: Marxism. Communism and Western Society. A Comparative Encyclopedia. New York 1972, S. 40–54. – J.-R. Suratteau: La Révolution française. Certitudes et controverses. Paris 1973. – M. Neumüller: Liberalismus und Revolution. Das Problem der Revolution in der deutschen liberalen Geschichtsschreibung des 19. Jahrhunderts. Düsseldorf 1973. – A. Casanova, Cl. Mazauric, R. Robin: La Révolution française a-t-elle eu lieu? In: La Nouvelle Critique, avril 1973. Wiederabgedruckt in: Aujourd'hui l'Histoire. Paris 1974, S. 273–300. – W. Loch, W. Markov: Die franz. Revolutionen zwischen 1789 und 1871 im Lichte von Lenins Auffassung über den Revolutionszyklus. In: M. Kossok (Hsg.): Studien zur vergleichenden Revolutionsgeschichte 1500–1917. Berlin 1974, S. 74–91. – A. Soboul: Im Lichte von 1789. Theoretische Probleme der bürgerlichen Revolution. Ebd. S. 199–216. – W. Grab: Franz. Revolution und deutsche Geschichtswissenschaft. In: Jahrbuch des Instituts für deutsche Geschichte (Tel Aviv). Bd. 3 (1974), 11–43. – J. Godechot: Un Jury pour la Révolution. Paris 1974. – J.-M. Floquet: Die franz. Revolutionsforschung der Gegenwart. In: Zeitschrift für Religions- und Geistesgeschichte 26 (1974), S. 30–49. – R. Zapperi: Per la critica del concetto di rivoluzione borghese. Bari 1974. – Albert Soboul: L'historiographie classique de la Révolution française. Sur des controverses récentes. In: La Pensée No 177 (oct. 1974), S. 40–58; auch in: Historical Reflections Jgg. 1975, S. 142–166. – W. Markov: 1789: Bürgertum zwischen Aufklärung und Revolution: In: Wiener Beiträge zur Neueren Geschichte 3 (1976). – E. Schmitt, M. Meyn: Ursprung und Charakter der Franz. Revolution bei Marx und Engels. Bochum 1976. Auch in: E. Hinrichs, E. Schmitt, R. Vierhaus (Hsg.): Probleme des Übergangs vom Ancien Régime zur Franz. Revolution. Göttingen 1977. – E. Guibert: Voies idéologiques de la Révolution française. Paris 1976.

Gesamtdarstellungen

L. A. Thiers: Histoire de la Révolution française. 10 vols. Paris 1823–27. 13ᵉ éd. 1857–61. – F. Mignet: Histoire de la Révolution Française depuis 1789 jusqu'en 1814. 2 vols. Paris 1824. 14ᵉ éd. 1883. Dt. Ausg.: Ders.: Geschichte der franz. Revolution, 1789–1814. Leipzig 1848. 11. Aufl. 1904. – Th. Carlyle: The French Revolution. A history. 3 vols. London 1837. New ed. 2 vols. New York – London 1955. Dt. Ausg.: Ders.: Die franz. Revolution. 3 Bde. Leipzig 1845. Neuaufl. 1 Bd. Berlin 1948. – L. Blanc: Histoire de la Révolution française. 12

vols. Paris 1847–62. – A. de Lamartine: Histoire des Girondins. 8 vols. Paris 1847. Nouv. éd. 5 vols. 1881. – J. Michelet: Histoire de la Révolution française. 7 vols. Paris 1847–53. Nouv. éd. 2 vols. 1954. Dt. Ausg.: Ders.: Geschichte der Franz. Revolution. 10 Bde. Hamburg [1929–30]. – H. v. Sybel: Geschichte der Revolutionszeit. 1789–1800. 5 Bde. Düsseldorf 1853–79. – E. Quinet: La Révolution. 2 vols. Paris 1865. 14e éd. 3 vols. 1909. – H. A. Taine: Les origines de la France contemporaine. 6 vols. Paris 1876–94. Dt. Ausg.: Ders.: Die Entstehung des modernen Frankreich. 2. Aufl. 6 Bde. Leipzig 1893–94. Dass.: 1 Bd. Berlin, Frankfurt/M. 1954. – P. A. Kropotkin: La Grande Révolution. Paris 1893. Dass. 1909. Dt. Ausg.: Ders.: Die franz. Revolution, 1789–1793. 2 Bde. Leipzig 1909. Dass. 1 Bd. Weimar 1948. – F. V. A. Aulard: Histoire politique de la Révolution française. Paris 1901. Dt. Ausg.: Ders.: Polit. Geschichte der franz. Revolution. 2 Bde. München 1924. – J. Jaurès: Histoire socialiste. Vol. 1–4: 1789–1794. Paris 1901–04. Nouv. éd. [u. d. T.:] Histoire socialiste de la Révolution française. 8 vols. 1922–24. Ed. revue et annotée par A. Soboul. 6 vols. 1 Index. Paris 1968–1973. – G. Salvemini: La rivoluzione francese, 1788 a 1792. Milano 1907. 4^a ed. Roma 1919. Engl. Ausg.: Ders.: The French Revolution 1788–1792. London 1954. – J. E. E. D. Acton: Lectures on the French Revolution. London 1910. – L. Madelin: La Révolution. Paris 1911. 8e éd. 1922. – G. Pariset: La Révolution, 1792–1799. Paris 1920. – P. Sagnac: La Révolution, 1789–1792, Paris 1920. – A. Mathiez: La Révolution française. 3 vols. Paris 1922–1927. Dt. Ausg.: Ders., G. Lefebvre: Die franz. Revolution. 3 Bde. Hamburg 1950. – P. Gaxotte: La Révolution française. Paris 1928. Nouv. éd. 1963. Dt. Ausg.: Ders.: Die franz. Revolution. München 1949. – L. R. Gottschalk: The Era of the French Revolution, 1715–1815. Boston [1929]. – G. Lefebvre, R. Guyot, Ph. Sagnac: La Révolution française, Paris 1930. – L. Gershoy: The French Revolution and Napoleon. New York 1933. – C. Brinton: A Decade of Revolution, 1789–1799. London – New York 1934. Dt. Ausg.: Ders.: Europa im Zeitalter der franz. Revolution. Wien 1939. 2. Aufl. 1948. – Ph. Sagnac. J. Robiquet: La Révolution de 1789. 2 vols. Paris 1934. – O. Aubry: La Révolution française. 2 vols. Paris 1942–45. Nouv. éd. 1 vol. 1952. Dt. Ausg.: Ders.: Die franz. Revolution. 2 Bde. Erlenbach-Zürich 1948. – J. M. Thompson: The French Revolution. Oxford 1943. New ed. 1959. – M. Göhring: Geschichte der großen Revolution. 2 Bde. Tübingen 1950–51. – A. Z. Manfred: Francuzskaja buržuaznaja revoljucija konca XVIII veka, 1789 do 1974. Moskau 1950. Dt. Ausg.: Ders.: Die franz. bürgerliche Revolution am Ende des 18. Jahrh. (1789–1794). Berlin 1952. – G. Ferrero: Les deux révolutions françaises 1789–1796. Neuchâtel 1951. – G. Lefebvre: La révolution française. Paris 1951. 3e éd. 1963. – A. Goodwin: The French Revolution. London – New York 1953. 4th ed. London 1966. – R. Mousnier, E. Labrousse, M. Bouloiseau: Le XVIIIe siècle. Paris 1953. 5e éd. rev. 1967. – A. Cobban: A History of Modern France. Vol. 1: 1715–1799. Baltimore, Harmondsworth

1957. Rev. ed. 1961. – R. R. Palmer: The Age of Democratic Revolution. 2 vols. Princeton (N. J.) 1959–64. Dt. Ausg.: Ders.: Das Zeitalter der demokratischen Revolution. Eine vgl. Geschichte Europas und Amerikas von 1760 bis zur Franz. Revolution. [Bd. 1] Frankfurt/M. 1970. – N. Hampson: A Social History of the French Revolution. London 1963. New ed. 1960, 1970. – E. J. E. Hobsbawm: The Age of Revolution. Europa 1789–1848. London 1962. New York 1964. Dt. Ausg.: Ders.: Europäische Revolutionen. Zürich 1962. – A. Soboul: Précis d'histoire de la Révolution française. Paris 1962. Dt. Ausg.: Die Große Französische Revolution. Ein Abriß ihrer Geschichte (1789–1799). 2 Bde. Frankfurt/M. 1973. – J. L. Godechot: Les révolutions 1770–1799. Paris 1963. 2ᵉ éd. 1965. – G. F. E. Rudé: Revolutionary Europe, 1783–1815. London, Cleveland, New York 1964. Repr. London 1967. – A. Soboul: La Révolution française. 2 vols. Paris 1964. – F. Furet, D. Richet: La Révolution. 2 vols. Paris 1965–66. Dass. 1 vol. Paris 1973. Dt. Ausg.: Die Französische Revolution. Frankfurt/M. 1968. – M. J. Sydenham: The French Revolution. London, New York 1965. – E. Naujoks: Die Franz. Revolution und Europa. Stuttgart, Berlin, Köln, Mainz 1969. – W. Markov, A. Soboul: 1789. Die Große Revolution der Franzosen. Berlin 1973.

Wichtigste Quelleneditionen

a) Gesamtrevolution

Réimpression de l'Ancien Moniteur (éd. Gallois). 32 Bde. Paris 1847 ff. Nachgedr. auch u. d. Titel: Gazette nationale ou le Moniteur universel. Réimpr. Paris 1863. – P.-J.-B. Buchez. P.-C. Roux-Lavergne (Hsg.): Histoire parlementaire de la Révolution française ou Journal des Assemblées Nationales depuis 1789 jusqu'en 1815. 40 vols. Paris 1834–1838. – Archives parlementaires de 1787 à 1860. Recueil des débats législatifs et politiques des chambres françaises. Ière série: 1787 à 1799, bisher 89 vols. Paris 1867–1968 (wird fortgesetzt). – J.-B. Duvergier: Collection complète des lois, décrets, ordonnances, règlements . . . de 1788 à 1824. 24 vols. Paris 1825–1828. – L. Duguit, H. Monnier: Les constitutions et les principales lois politiques de la France depuis 1789 . . . Paris 1898. – L. Cahen, R. Guyot: L'œuvre législative de la Révolution. Paris 1913. – J. Godechot (Hsg.): Les constitutions de la France depuis 1789. Paris 1970. – E. Charavay (Hsg.): Procès-verbaux des assemblées électorales de Paris de 1790 à 1794. 3 vols. Paris 1890–1905. – S. Lacroix, R. Farge: Actes de la Commune de Paris pendant la Révolution. 16 vols. Paris 1894–1942. – J. M. Roberts. R. C. Cobb (Hsg.): French Revolution Documents. Vol. I. Oxford 1966. – P. H. Beik (Hsg.): The French Revolution. Selected documents. New York 1970. – W. Grab: Die Franz. Revolution. Eine Dokumentation. München 1973.

b) Einzelne Phasen der Revolution

A. Brette: Recueil des documents relatifs à la convocation des Etats généraux de 1789. 4 vols. Paris 1894–1915. – Recueil de documents relatifs aux séances des Etats généraux. Mai-Juin 1789. Tome I, I: Les préliminaires – La Séance du 5 mai (hsg. v. G. Lefebvre, A. Terroine). Paris 1953; Tome I, II: La Séance du 23 juin (hsg. v. G. Lefebvre). Paris 1962; Tome II, I: Les Séances de la Noblesse (6 mai – 27 mai). Paris 1974; ein weiterer Band „Conférences des commissaires des ordres sur la vérification des pouvoirs" beim Institut d'Histoire de la Révolution française, Paris, in Vorbereitung. – B. Hyslop: Répertoire critique des cahiers de doléances pour les Etats généraux de 1789. Paris 1933. Supplément Paris 1952. – A. Cochin, Ch. Charpentier: Les actes du gouvernement révolutionnaire (23 août 1793 à 27 juillet 1794). 3 vols. Paris 1920–1935. – A. Aulard (Hsg.): Recueil des actes du Comité de Salut public. 27 vols. Paris 1889–1933. Supplément I, t. 1–2. Paris 1966–1971. – A. Aulard (Hsg.): La Société des Jacobins. Recueil des documents. 6 vols. Paris 1889–1897. – J.-P. Brissot: Correspondance et papiers, éd. C. Perroud. Paris 1911. – W. Markov, A. Soboul (Hsg.): Die Sansculotten von Paris. Dokumente zur Geschichte der Volksbewegung 1793–1794. Berlin 1957. – P. Caron: Paris pendant la Terreur. Rapports des agents secrets du ministre de l'Intérieur. 6 vols. Paris 1910–1964. – Œuvres de Maximilien Robespierre. 10 vols. Paris 1960–1967. – A. Soboul (Hsg.): Saint-Just. Discours et rapports. Paris 1957. Nouv. éd. 1972. – A. Aulard (Hsg.): Paris pendant la réaction thermidorienne et sous le Directoire. 5 vols. Paris 1898–1905. – A. Monglond (Hsg.): La France révolutionnaire et impériale. 6 vols. Paris 1930–1969.

Vorgeschichte der Französischen Revolution

A. P. J. M. Barnave: Introduction à la révolution française. [1792]. In: Œuvres de Barnave. Ed.: M. Bérenger de la Drôme. Vol. 1. Paris 1843. S. 1–220. Nouv. éd. Paris 1960. Dt. Ausg.: Ders.: Theorie der franz. Revolution. München 1972. – F. X. J. Droz: Histoire du règne de Louis XVI pendant les années où l'on pouvait prévenir ou diriger la révolution française. 3 vols. Paris 1839–1842. Nouv. éd. 1858. – A. de Tocqueville: L'ancien régime et la Révolution. Paris 1856. 8ᵉ éd. 1877. Dt. Ausg.: Ders.: Der alte Staat und die Revolution. Bremen 1959. – H. Glagau: Reformversuche und Sturz des Absolutismus in Frankreich (1774–1788). München 1908. – O. Becker: Die Verfassungspolitik der franz. Regierung bei Beginn der großen Revolution. Berlin 1910. – M. Marion: Les causes financières de la Révolution. In: Rev. cours conf. 23 (1921/22), S. 367–380, 521–536. – A. Cochin: La Révolution et la libre-pensée. Paris 1924.– Ders.: Les Sociétés de pensée et la Révolution en Bretagne, 1788–1789. 2 vols. Paris 1925. – B. Fay: L'esprit révolutionnaire en France et aux Etat-Unis à la fin du XVIIIᵉ siècle. Paris 1925. – B. Groethuysen: Origines de l'esprit bourgeois en France. Paris 1927. Dt. Ausg.: Ders.: Die Entstehung der bürgerlichen

Welt- und Lebensanschauung in Frankreich. 2 Bde. Halle 1927–30. – L. Gottschalk: The French Revolution: Conspiracy or Circumstances? In: Persecution and Liberty. Essays in honor of G. L. Burr. New York 1931, S. 445–472. – H. Sée: The Economic and Social Origins of the French Revolution. In: Econ. Hist. Rev. 3 (1931/32), S. 1–15. – E. Cassirer: Die Philosophie der Aufklärung. Tübingen 1932. – D. Mornet: Les origines intellectuelles de la Révolution française, 1715 à 1787. Paris 1933. 2ᵉ éd. 1954. – A. Le Flamanc: Les utopies prérévolutionnaires et la philosophie du 18ᵉ siècle. Paris 1934. – Ch. H. van Duzer: Contribution of the Ideologues to French Revolutionary Thought. Baltimore 1935. – R. R. Palmer: The National Idea in France before the Revolution. In: J. Hist. Ideas 1 (1940), S. 95–111. – L. Gershoy: From Despotism to Revolution, 1763–1789. New York-London [1944]. Repr. 1953. – Ph. Sagnac: La formation de la société française moderne. 2 vols. Paris 1945–46. – M. Göhring: Weg und Sieg der modernen Staatsidee in Frankreich. Tübingen 1946. 2. Aufl. 1947. – A. Cobban: The Causes of the French Revolution. London 1946. New ed. [u. d. T.:] Historians and the Causes of the French Revolution. London 1958. – A. Goodwin: Calonne, the Assembly of French Notables of 1787 and the Origins of the „Révolte Nobiliaire". In: Engl. Hist. Rev. 61 (1946), S. 202–234, 329–377. – D. W. Brogan: Was the French Revolution a Mistake? In: Cambridge J. 1 (1947/48), S. 43–55. – L. Gottschalk: Philippe Sagnac and the Causes of the French Revolution. In: J. Mod. Hist. 20 (1948), S. 137–148. – R. Derathé: Jean-Jacques Rousseau et la science politique de son temps. Paris 1950. 2ᵉ éd. 1971. – R. Roux: La Révolution française et l'idée de lutte des classes. Rev. hist. écon. soc. 29 (1951), S. 252–279. – F. L. Ford: Robe and Sword. The regrouping of the French aristocracy after Louis XIV. Cambridge (Mass.) 1953. New ed. 1961. – I. L. Horowitz: Claude Helvetius: Philosopher of Democracy and Enlightenment, New York 1954. – G. Lefebvre: Etudes sur la Révolution française. Paris 1954. 2ᵉ éd. 1963. – E. G. Barber: The Bourgeoisie in 18ᵗʰ Century France. Princeton (N. J.) 1955. Dass. 1956. – G. E. Rudé: The Outbreak of the French Revolution. In: Past & Present (1955), S. 28–42. – M. Reinhard: Elite et noblesse dans la seconde moitié du XVIIIᵉ siècle. In: Rev. hist. mod. contemporaine 3 (1956) 1, S. 5–37. – E. Weis: Geschichtsschreibung und Staatsauffassung in der franz. Enzyklopädie. Wiesbaden 1956. – The Economic Origins of the French Revolution: Poverty or Prosperity? Ed.: R. W. Greenlaw, Boston 1958. – R. Koselleck: Kritik und Krise. Ein Beitrag zur Pathogenese der bürgerlichen Welt. Freiburg/Br. – München 1959. Neuausg. 1971. – V. P. Volgin (Volguine): L'idéologie révolutionnaire en France au XVIIIᵉ siècle. In: La Pensée, N. S. no 87 (1959), S. 83–98. – J. Egret: La pré-révolution française, 1787–1788. Paris 1962. – A. Davies: The Origins of the French Peasant Revolution of 1789. In: History 49 (1964), S. 24–41. – The Influence of the Enlightenment on the French Revolution: Creative, Distastrous or Non-Existent? Ed.: W. F.

Church, Boston 1964. – E. L. Eisenstein: Who Intervened in 1788? In: Amer. Hist. Rev. 71 (1965/66), S. 77–103. – L. Goldmann: La pensée des „Lumières". In: Annales (E.S.C.) 22 (1967), S. 752–779. – J. Dupaquier: Sur la population francaise au XVII⁰ et au XVIII⁰ siècle. In: Rev. hist. 239 (1968), S. 43–79. – R. Forster: Obstacles to Agricultural Growth in Eighteenth-Century France. In: Amer. Hist. Rev. 75 (1969/70), S. 1600–1615. – D. Richet: Autour des origines idéologiques lointaines de la Révolution française. In: Annales (E. S. C.) 24 (1969), S. 1–23. – E. Schmitt: Repräsentation und Revolution. Eine Untersuchung zur Genesis der kontinentalen Theorie und Praxis parlamentarischer Repräsentation aus der Herrschaftspraxis des Ancien régime in Frankreich (1760–1789). München 1969. – H. Méthivier: La fin de l'Ancien Régime. Paris 1970. – R. Robin: La société française en 1789: Semur-en-Auxois. Paris 1970. – A. Soboul: La civilisation et la Révolution française. Vol. 1: La crise de l'Ancien Régime. Paris 1970. – J. R. von Bieberstein: Die These von der Verschwörung der Philosophen, Freimaurer, Illuminaten, Juden und ,Geheimen Gesellschaften'. Diss. phil. Bochum 1971. – M. Vovelle: La chute de la monarchie 1787–1792. Paris 1972. – W. Doyle: Was there an Aristocratic Reaction in Pré-revolutionary France? In: Past and Present. No 57 (1972), S. 91–122. – Die Franz. Revolution. Anlässe und langfristige Ursachen. Hsg.: E. Schmitt. Darmstadt 1973. – W. Doyle: The Parlement of Bordeaux and the End of the Old Regime 1771–1790. London 1974. – D. B. Bien: La réaction aristocratique avant 1789: l'exemple de l'armée. In: Annales (E.S.C.) 29 (1974), S. 23–48 und S. 505–534. – E. Le Roy Ladurie: Révoltes et contestations rurales en France de 1675 à 1788. Ebd. S. 6–22. – E. Hinrichs, E. Schmitt, R. Vierhaus (Hsg.): Probleme des Übergangs vom Ancien Régime zur Franz. Revolution. Göttingen 1977. – R. Reichardt: Bevölkerung und Gesellschaft Frankreichs im 18. Jahrhundert: Neue Wege und Ergebnisse der sozialhistorischen Forschung 1950–1975 (erscheint 1976 in der Zeitschrift für Historische Forschung).

Einzelbereiche der Französischen Revolution

a) *Darstellung einzelner Phasen*

G. Lefebvre: Quatre-vingt-neuf. Paris 1939. 2ème éd. 1972. – F. Braesch: 1789, l'année cruciale. Paris 1941. – A. Soboul: 1789. L'An Un de la liberté. Paris 1939. 3ème éd. 1973. – J. Egret: La Révolution des Notables. Mounier et les Monarchiens 1789. Paris 1950. – J. Godechot: La prise de la Bastille, 14 juillet 1789. Paris 1965. – G. Lefebvre: La Grande Peur de 1789. Paris 1932. Nouv. éd. Torino 1953 und Paris 1970. – F. Braesch: La Commune du dix août 1792. Paris 1911. – A. Mathiez: Le dix août. Paris 1931. – M. Reinhard: La chute de la royauté. Paris 1969. – M. Bouloiseau: La République jacobine 10 août 1792–9 thermidor an II. Paris 1972. – A. Soboul: La Ière République. 1792–1804. Paris 1968. – M. J. Sydenham: The First French Republic, 1792–1804. London 1974.

- R. R. Palmer: Twelve who Ruled. Princeton (N. J.) 1941. New ed. 1959. – M. Bouloiseau: Le Comité de Salut public, 1793–1795. Paris 1962. – D. Greer: The Incidence of the Terror during the French Revolution. A Statistical Interpretation. Cambridge (Mass.) 1935. – L. Barthou: Le neuf thermidor. Paris 1926. – G. Lefebvre: Les Thermidoriens. Paris 1937, Nouv. éd. 1960. Engl. Ausg.: London 1965. – Ders.: Le Directoire. Paris 1946. 3ème éd. 1958. – Ph. Sciout: Le Directoire. Paris 1895–1897. – M. Reinhard: La France du Directoire. Paris 1946. – W. R. Fryer: Republic or restauration in France (1794–1797). Manchester 1965. – A. Meynier: Les coups d'Etat du Directoire. 3 vols. Paris 1927–1928. – A. Mathiez: La réaction thermidorienne. Paris 1929. – D. Woronoff: La République bourgeoise de Thermidor à Brumaire, 1794–1799. Paris 1972. – A. Vandal: L'avènement de Bonaparte. 2 vols. Paris 1902–1907. Nouv. éd. 1912. – A. Ollivier: Le dix-huit brumaire, 9 novembre 1799. Paris 1959. – A. Soboul: Le Directoire et le Consulat. Paris 1967, 2ème éd. 1972.

b) Die revolutionäre Expansion

A. Sorel: L'Europe et la Révolution française. 8 vols. Paris 1885–1904. 12ᵉ éd. 1908–11. – J. L. Godechot: La grande nation. L'expansion révolutionnaire de la France dans le monde de 1789 à 1799. 2 vols. Paris 1956. – S. S. Biro: The German Policy of Revolutionary France. 2 vols. Cambridge (Mass.) 1957. – W. Real: Von Potsdam nach Basel. Basel-Stuttgart 1958. – R. Devleeshouwer: L'arondissement du Brabant sous l'occupation française (1794 à 1795). Bruxelles 1964. – Occupants – occupés 1792–1815. Colloque de Bruxelles, 29 et 30 janvier 1968. Bruxelles 1969. – P. Verhaegen: La Belgique sous domination française. Bruxelles-Paris 1923. – R. R. Palmer: The World of the French Revolution. London 1971.

c) Das Problem der Gegenrevolution

L. Madelin: La contre-révolution sous la Révolution, 1789 à 1815. Paris 1935. – D. Greer: The Incidence of the Emigration during the French Revolution. Cambridge (Mass.) 1951. – L. Jacob: Les suspects pendant la Révolution, 1789–1794. Paris 1952. – J. L. Godechot: La contre-révolution, doctrine et action, 1789–1804. Paris 1961. – Ch. Tilly: The Vendée: A Sociological Analysis of the Counterrevolution of 1793. Cambridge (Mass.) 1964. – M. Bouloiseau: Etude de l'émigration et de la vente des biens des émigrés (1792–1830). Paris 1963. – J. Chaumié: Le Réseau d'Antraigues et la contre-révolution, 1791–1793. Paris 1965. – R. Cobb: Reactions to the French Revolution. London 1972. – A Moser: Die franz. Emigrantenkolonie in Konstanz während der Revolution (1792–99). Sigmaringen 1975.

d) Verfassung und Institutionen

E. Seligman: La justice en France pendant la Révolution, 1789–1792. 2 vols. Paris 1901–13. – A. Lajusan: Le plébiscite de l'an III. In: Révolution franç. 60 (1911), S. 5–37, 106–132, 237–263. – M. Ch. E. Deslandres: Histoire constitutionnelle de la France de 1789 à 1870. Paris 1932. – J. D. Sirich: The Revolutionary Committees in the Departments of France, 1793–1794. Cambridge (Mass.) 1943. New ed. New York 1971. – J. L. Godechot: Les institutions de la France sous la Révolution et l'Empire. Paris 1951. Nouv. éd. 1968. – J. J. Chevallier: Histoire des institutions politiques de la France de 1789 à nos jours. Paris 1952. – E. Thompson: Popular Sovereignty and the French Constituent Assembly, 1789–1791. Manchester 1952. – R. B. Rose: The Revolutionary Committees of the Paris Sections in 1793. In: Bulletin of John Rylands Library 35 (1952), S. 88–110. – D. L. Dowd: Security and the Secret Police during the Reign of Terror. In: South Atl. Quart. 54 (1955) 3, S. 328–339. – H. Kläy: Zensuswahlrecht und Gleichheitsprinzip. Aarau 1956. – A. Soboul: Robespierre et la formation du gouvernement révolutionnaire (27 juillet – 10 octobre 1793). In: Rev. Hist. mod. contemporaine 5 (1958) 4, S. 283–294. – R. K. Gooch: Parliamentary Government in France: Revolutionary Origins, 1789–1791. Ithaca (N. Y.) 1960. – M. Bouloiseau: Le Comité de salut public, 1793–1795. Paris 1962. – C. Lucas: The Structure of Terror: the example of Javogues and the Loire. London 1973.

e) Ideengeschichte, politische Theorie

R. Redslob: Die Staatstheorien der franz. Nationalversammlung von 1789, ihre Grundlagen in der Staatslehre der Aufklärungszeit und in den englischen und amerikanischen Verfassungsgedanken. Leipzig 1912. – K. Loewenstein: Volk und Parlament nach der Staatstheorie der französischen Nationalversammlung von 1789. München 1922. Nachdr. Aalen 1964. – P. Bastid: Sieyes et sa pensée. Paris 1939. Nouv. éd. 1971. – J. P. Mayer: Political Thought in France from Sieyes to Sorel. London 1943, Rev. ed. 1949. – M. Leroy: Histoire des idées sociales en France. Tome I: De Montesquieu à Robespierre. Paris 1946. – B. Groethuysen: Philosophie de la Révolution française. Paris 1956. Dt. Ausg.: Ders.: Philosophie der franz. Revolution. Neuwied-Berlin 1971. – W. Krauss (Hsg.): Grundpositionen der franz. Aufklärung. 2 Bde. Berlin 1955–65. – L. S. Gordon: Studien zur plebejisch-demokratischen Tradition in der franz. Aufklärung. Berlin 1973.

f) Gesellschaftsschichtung, politische und soziale Kräfte

A. Mathiez: Robespierre terroriste. Paris 1920. – G. Lefebvre: Les paysans du Nord pendant la Révolution française. 2 vols. Paris-Lille 1923. Nouv. éd. Bari 1959. – G. Michon: Essai sur l'histoire du parti Feuillant, Adrien Duport. Paris 1924. – A. Mathiez: La vie chère et le mouvement social sous la Terreur. 2 vols. Paris 1927. Nouv. éd. 1973. – Ders.: Girondins et Montagnards. Paris 1930. – E. Soreau: La loi Le Chapelier. In: Ann. hist. Révolution franç. 8 (1931), S. 287–314. – D. M. Greer: The Incidence of the Terror during the French Revolution. Cambridge (Mass.) 1935. – E. V. Tarle: Žerminal'i Prerial'. Moskau 1937. 3. izd. 1957. Franz. Ausg.: Ders.: Germinal et Prairial. Moskau 1959.

Dt. Ausg. nach d. 2. Ausg. von 1951: Germinal und Prairial. Berlin 1953. – M. Eude: La commune robespierriste. Paris 1937. – P. Sainte-Claire Deville: La commune de l'an II. Paris 1946. – D. Guérin: La lutte de classes sous la Première République. 2 vols. Paris 1946. Nouv. éd. 1968. – L. Poperen, G. Lefebvre: Etudes sur le ministère de Narbonne. In: Ann. hist. Révolution franç. 19 (1947), S. 1–36, 193–217, 292–321. – Ders.: Questions agraires au temps de la Terreur. La Roche-sur-Yon 1954. – R. Cobb: Note sur la répression contre le personnel sansculotte de 1795 à 1801. In: Ann. hist. Révolution franç. 26 (1954), S. 23–49. – R. Cobb, G. Rudé: Le dernier mouvement populaire de la Révolution à Paris: les journées de Germinal et de Prairial. In: Rev. hist. 214 (1955), S. 250–281. – Jakobiner und Sansculotten. Hsg.: W. Markov. Berlin 1956. – A. Soboul: Problèmes du travail en l'an II. In: Ann. hist. Révolution franç. 28 (1956), S. 236–254. – A. Soboul: Les Sans-culottes parisiens en l'an II. La Roche-sur-Yon. Paris 1958. Dt. Ausg.: Ders.: Die Sektionen von Paris im Jahre II. Berlin 1962. – G. F. E. Rudé: The Crowd in the French Revolution. Oxford 1959. Dt. Ausg.: Ders.: Die Massen in der Franz. Revolution. München-Wien 1961. – K. D. Tønnesson: La défaite des sansculottes. Oslo 1959. – M. J. Sydenham: The Girondins. London 1961. – V. S. Alekseev-Popov, A. J. Gansov, K. D. Petrjaev (Hsg.): Iz istorii jakobinskoj diktatury. Odessa 1962. – C. Mazauric: Babeuf et la conspiration pour l'égalité. Paris 1962. – M. Vovelle: De la Mendicité au brigandage: les errants en Beauce sous la Révolution française. In: Actes du Congrès national des sociétés savantes 86, section d'histoire moderne et contemporaine. Paris 1962, S. 483–512. – R. B. Rose: The Enragés: Socialists of the French Revolution? Melbourne 1965. – A. Soboul: Paysans, Sans-culottes et Jacobins. Paris 1966. – V. G. Revunenkov: Marksism i problema jakobinskoj diktatury. Leningrad 1966. – Ders.: Parižskie sankjuloty epochi Velikoj francuzskoj revoljucii. Leningrad 1971. – M. Vovelle: Le Prolétariat flottant à Marseille sous la Révolution française. In: Ann. de Démographie historique (1968), S. 111–138. – R. B. Rose: Tax Revolt and Popular Organization in Picardy, 1789–1791. In: Past and Present. No 43 (1969), S. 42–108. – M. Antonietta de Leronzis Minasi: A propos des rapports entre mouvement populaire et robespierrisme. Note critique à M. A. Soboul: In: Ann. hist. Révolution franç. 41 (1969), S. 29–52. – Jean Sentou: Fortunes et groupes sociaux à Toulouse sous la Révolution (1789–1799). Essai d'histoire statistique. Paris 1970. – I. Woloch: Jacobin Legacy. The Democratic Movement under the Directory. Princeton 1970. – R. Cobb: The Police and the People. French Popular Protest 1789–1820. Oxford 1970. – O. Hufton: Women in Revolution, 1789–1796. In: Past and Present. No 53 (1971), S. 90–108. – A. Ado: Die Bauernbewegung während der Franz. Revolution. Moskau 1971 (russ.). – I. Gwynne: Life in revolutionary France. London 1972. – A. Moser: Gleichheitsgedanke und bürgerliche Emanzipation von Minderheiten in den Anfängen der Franz. Revolution. Göppingen 1973. –

S. Petersen: Die Pariser Versorgungsbedingungen und die Auseinandersetzungen um eine dirigistische Wirtschaftspolitik in der Französischen Revolution (Dezember 1792–Juni 1793). Ein Beitrag zur Vorgeschichte der Jakobinerdiktatur. Diss. phil. Bochum 1976.

g) Wirtschaft, Handel, Finanzwesen

M. Marion: Histoire financière de la France depuis 1715. 6 vols. Paris 1914–31. Nouv. éd. 1965. – J. Morini-Comby: Les assignats. Révolution et inflation. Paris 1925. – G. Lefebvre: Les recherches relatives à la vente des biens nationaux. In: Rev. hist. mod. 3 (1928), S. 188–219. Erw. [u.d. T.:] La vente des biens nationaux. In: Ders.: Etudes sur la Révolution française. Paris 1954. 2ᵉ éd. 1963, S. 307–337. – S. E. Harris: The Assignats. Cambridge (Mass.) 1930. New ed. New York 1969. – F. Braesch: Finances et monnaie révolutionnaires. Nancy 1934. – H. Sée: histoire économique de la France. Vol. 2: Les temps modernes, 1789 à 1914. Paris 1943. Nouv. éd. 1952. Dt. Ausg.: Ders.: Franz. Wirtschaftsgeschichte. Bd. 2. Jena 1936. – C.-E. Labrousse: La crise de l'économie française à la fin de l'Ancien Régime et au début de la Révolution. Paris 1944. – S. B. Clough: The Crisis in French Economy at the Beginning of the Revolution. In: Journ. Econ. Hist. 6 (1946), S. 191–196. – G. Dejoint: La politique économique du Directoire. Paris 1951. – W. F. Shepard: Price Control and the Reign of Terror: France, 1793–1795. Berkeley (Calif.) 1953. – A. Rémond: Etudes sur la circulation marchande en France aux XVIIIᵉ et XIXᵉ siècles. Vol. 1. Paris 1956. – G. Lefebvre: Études orléanaises II: Subsistances et maximum (1789 – an IV). Paris 1963. – P. Kroll: Die Eigentumsordnung des franz. Feudalismus und ihre Zerschlagung in der Großen Revolution. Diss. Bonn 1964. – R. Cobb: Terreur et subsistances (1793–1795). Paris o.d. (1965). – J. Bosher: French Finances, 1770–1795. New York 1971.

h) Kultur und Religion

H. T. Parker: The Cult of Antiquity and the French Revolutionaries. Chicago (Ill.) 1937. – L. Grimaud: Histoire de la liberté d'enseignement en France depuis la chute de l'Ancien Régime jusqu'à nos jours. Paris 1898. Nouv. éd. [u.d. T.:] Histoire de la liberté d'enseignement en France. Vol. 2: La Révolution. Grenoble-Paris 1944. – A. Latreille: L'église catholique et la Révolution française. 2 vols. Paris 1946–50. – G. Walter: La Révolution française vue par ses journaux. Bourges-Paris 1948. – K. D. Erdmann: Volkssouveränität und Kirche. Köln 1949. – B. C. Poland: French Protestantism and the French Revolution. Princeton (N. J.) 1957. – A. Soboul: Sentiment religieux et cultes populaires pendant la Révolution. In: Ann. hist. Révolution franç. 29 (1957), S. 193–213. – H. Maier: Revolution und Kirche. Freiburg/Br. 1959. 3. Aufl. München 1973. – J. Palou: La francmaçonnerie. Paris 1964.

i) Militärwesen

E. Déprez: Les volontaires nationaux, 1791–1793. Paris 1908. – G. Six: Les généraux de la Révolution et de l'Empire. Paris 1948. – N. Hampson: La marine de l'an II. Paris 1959. – A. Soboul: Les soldats de l'an II. Paris 1959. – R. Cobb: Les armées révolutionnaires. 2 vols. Paris 1961–63.

k) Einzelpersonen

J. L. Barthou: Danton. Paris 1932. – L. R. Gottschalk: Lafayette. 5 vols. Chicago (Ill.) 1935–69. – P. Jolly: Necker. Paris 1947. Nouv. éd. 1951. – M. Dommanget: Jacques Roux, le curé rouge (1752–1793) et le Manifeste des „Enragés". Paris 1949–50. – M. Reinhard: Le grand Carnot. 2 vols. Paris 1950–52. – A. Ollivier: Saint-Just et la force des choses. Paris 1954. – M. Bouloiseau: Robespierre. Paris 1957. – A. Mathiez: Etudes sur Robespierre (1758–1794). Paris 1958. – Maximilien Robespierre. 1758–1794. Hsg.: W. Markov. Berlin 1958. – M. Gallo: Robespierre the Incorruptible: A Psychobiography. New York 1971. – L. Jacob: Hébert, le père Duchesne, chef des Sans-culottes. Paris 1960. – J. Massin: Marat. Paris 1960. – V. M. Dalin: Babeuf-Studien. [Übers. aus d. Russ.] Berlin 1961. – Cl. Mazauric: Babeuf et la Conspiration pour l'égalité. Paris 1962. – Babeuf et les problèmes du babouvisme. Ed.: Soboul. Paris 1964. – W. Markov: Jacques Roux oder vom Elend der Bibliographie. Berlin 1966. – Ders.: Die Freiheiten des Priesters Roux. Berlin 1967. – Ders.: Jacques Roux. Scripta et Acta. Berlin 1969. – Ders.: Exkurse zu Jacques Roux. Berlin 1970. – L. S. Greenbaum: Talleyrand Statesman-Priest. The Agent-General of the Clergy and the Church of France at the End of the Old Regime. (Massachusetts) 1970. – G. D. Homan: Jean François Reubell. French revolutionary, patriot, and director (1747–1807). The Hague 1971. – R. Reichardt: Reform und Revolution bei Condorcet. Ein Beitrag zur späten Aufklärung in Frankreich. Bonn 1973.

l) Begrifflichkeit und Konzeptualisierungsprobleme

K. Baldinger: Einige terminologische Auswirkungen des Aufschwungs der Industrie im 18. Jahrhundert in Frankreich. In: Alteuropa und die moderne Gesellschaft. Festschrift für O. Brunner. Göttingen 1963, S. 318–335. – J. Godechot: Pour un vocabulaire politique et social de la Révolution française. In: Le 175e Anniversaire de la Révolution française. In: Actes du 89ᵉ Congrès national des Sociétés savantes – Lyon 1964. Paris 1964, S. 371–374. – G. von Proschwitz: Le Vocabulaire politique au XVIIIᵉ siècle avant et après la Révolution. In: Le Français moderne (avril 1966), S. 87–102. – Cl. Mazauric: Réflexions sur une nouvelle conception de la Révolution française. In: Ann. hist. Révolution franç. 39 (1967), S. 339–368. – G. Schilfert: Die Revolutionen beim Übergang vom Feudalismus zum Kapitalismus. In: Zeitschr. f. Geschichtswiss. 17 (1969), S. 171–193. – W. Markov: Revolutionen beim Übergang vom Feudalismus zum Kapitalismus. Ebd. S. 592–595. – M. Tournier, R. Arnault, L. Cavaciuti, A. Geffroy, F. Theuriot: Le vocabulaire de la Révolution. Pour un inventaire systématique des textes. In: Ann. hist. Révolution franç. 41

(1969), S. 109–124. – M. Ozouf: De thermidor à brumaire: Les discours de la Révolution sur elle-même. In: Rev. hist. 243 (1970), S. 31–66. – A. Soboul: Sur le mouvement paysan dans la Révolution française. In: Ann. hist. Révolution franç. 45 (1973), S. 85–101. – R. Robin: Histoire et linguistique. Paris 1973. – Dies. (Hsg.): Langage et idéologies. Le discours comme objet de l'Histoire. Paris 1974. – M. Vovelle: L'Elite ou le mensonge des mots. In: Annales (E.S.C.) 29 (1974), S. 49–72. – E. Schmitt: War die Französische Revolution eine bürgerliche Revolution? In: Politische Bildung (1977).

VIII. Zeittafel

1787

22. 2.–25. 5.	Erste Notabelnversammlung zur Behebung der Finanzkrise des Ancien Régime
8. 4.	Entlassung des Finanzministers Calonne, er wird ersetzt durch Loménie de Brienne
Juni	Reformedikte Briennes
16. 7.	Das Parlament von Paris fordert Generalstände
Aug./Sept.	Konflikt der Regierung mit dem Parlament von Paris und Aufruhr in der Stadt

1788

8. 5.	Justizreform. Schaffung einer *Cour plenière*. Steinschlacht gegen das Militär in Grenoble (*Journée des Tuiles*)
8. 8.	Einberufung der Generalstände auf 1. Mai 1789, Suspension der *Cour plenière*
16. 8.	Teilstaatsbankrott
24.–26. 8.	Endgültige Berufung Neckers als Finanz- und Premierminister
August	Wiedereröffnung der politischen Clubs, Einführung der Pressefreiheit
25. 9.	Das Parlament von Paris fordert die Zusammensetzung der Generalstände nach dem Muster von 1614
Sept. 1788–Juni 1789	Reformbroschürenflut
6. 1.–12. 12.	Zweite Notabelnversammlung
Mitte Dez.	Veröffentlichung des Memorandums der Prinzen von Geblüt
27. 12.	Staatsratssitzung: Entscheidung für *doublement du Tiers*; die Frage: *vote par ordre* oder *vote par tête* bleibt offen

1789

Febr. – April	Erstellung der *Cahiers de doléances*
März – Mai	Wahlen zu den Generalständen

März – Mai	Hungerrevolten in verschiedenen Provinzen Frankreichs
30. 4.	Gründung des *Comité breton*, der Keimzelle des Jakobinerclubs
5. 5.	Eröffnung der Generalstände in Versailles
6. 5.	Der Dritte Stand nimmt die Bezeichnung *les Communes* an und fordert die Beglaubigung der Abgeordnetenvollmachten in einer gemeinsamen Plenarversammlung aller drei Stände
17. 6.	Die *Communes* erklären sich zur *Assemblée nationale*
20. 6.	Schwur im Ballspielhaus
23. 6.	Die Nationalversammlung widersetzt sich erfolgreich dem Befehl des Königs zur Auflösung. Proklamation der Immunität der Abgeordneten
27. 6.	Der König veranlaßt Klerus und Adel, sich der Nationalversammlung anzuschließen
11. 7.	Entlassung Neckers
14. 7.	Sturm auf die Bastille
16. 7.	Rückberufung Neckers
Juli	Die Emigration von Adeligen beginnt
20. 7.	Beginn der *Grande Peur*, Bauernaufstände in den meisten Provinzen
4. 8.	„Nacht des 4. August": Abschaffung der Privilegien
26. 8.	Erklärung der Menschen- und Bürgerrechte
5.–6. 10.	Marsch der Pariser nach Versailles, Hof und Nationalversammlung werden zur Verlegung nach Paris genötigt
2. 11.	Dekret der Nationalversammlung zwecks Verkaufs der Kirchengüter
19. 12.	Gesetz über die Ausgabe von Assignaten zur Deckung der Staatsschuld

1790

15. 1.	83 *départements* treten an die Stelle der alten Provinzen
19. 6.	Abschaffung des Adels.
12. 7.	Zivilverfassung des Klerus
14. 7.	„Fest der Föderation" am Jahrestag des Sturms auf die Bastille
16. 8.	Abschaffung der Feudalgerichte
4. 9.	Rücktritt Neckers
31. 10.	Aufhebung der Binnenzölle
23. 11.	Einführung der allgemeinen Grundsteuer
27. 11.	Der Schwur „*A la nation, à la loi et au Roi*" wird allen Staatsbediensteten abverlangt

1791

2. 3.	Abschaffung der Zünfte und Korporationen
14. 6.	*Loi Le Chapelier:* Verbot von Berufsassoziationen
20. 6.	Flucht der königlichen Familie nach Varennes
Juli	Agitation der radikalen Clubs für die Schaffung einer Republik
17. 7.	Petition einer Volksdelegation. Blutbad unter den Petitionären auf dem Marsfeld
3. 9.	Verabschiedung der Verfassung (erste Repräsentativverfassung des europäischen Kontinents)
1. 10.	Zusammentritt der *Assemblée législative*
20. 10.	Brissot, einer der Wortführer der Girondisten, eröffnet die Propaganda für den Krieg

1792

23. 1.	Beginn der Unruhen auf Grund der Schwierigkeiten bei der Versorgung der Stadt Paris
15. 3.	Der König beruft girondistische Minister (Roland, Clavière, Dumouriez)
20. 4.	Kriegserklärung Frankreichs an Österreich
12. 6.	Entlassung der girondistischen Minister
25. 7.	Manifest des Herzogs von Braunschweig
3. 8.	47 der 48 Sektionen von Paris verlangen die Absetzung des Königs
10. 8.	Sturm auf die Tuilerien, in der Folge wird die königliche Familie im *Temple* gefangengesetzt
2.–6. 9.	Septembermassaker
20. 9.	Kanonade von Valmy
21. 9.	Erstes Zusammentreten des Konvents: Abschaffung der Monarchie und Ausrufung der einheitlichen, unteilbaren Republik
22. 9.	Beginn des Jahres I der Französischen Republik
11. 12.	Beginn des Prozesses gegen Ludwig XVI.

1793

21. 1.	Hinrichtung Ludwigs XVI.
1. 2.	Kriegserklärung Frankreichs an England und an die Generalstaaten der Niederlande
24. 2.	Dekret über die Aushebung von 300000 Freiwilligen
6. 4.	Errichtung des Wohlfahrtsausschusses

31. 5.–2. 6.	Aufstand der Pariser Sansculotten. Verhaftung von 27 Wortführern der Girondisten. Beginn der „Jakobiner-herrschaft"
10. 6.	Teilung der Gemeindeländereien
13. 7.	Ermordung Marats
17. 7.	Aufhebung der wichtigsten Reste der Feudalität
27. 7.	Zuwahl Robespierres in den Wohlfahrtsausschuß
23. 8.	Levée en masse: Einführung der Wehrpflicht für alle ledigen Männer zwischen 18 und 25 Jahren
5. 9.	Beginn der Terreur
17. 9.	Gesetz gegen die Verdächtigungen
29. 9.	Einführung des „Großen" Maximums: Festsetzung von Höchstpreisen für die wichtigsten Lebensmittel und Konsumgüter, desgleichen Festsetzung von Maximallöhnen (letzteres wird zunächst nicht durchgeführt)
10. 10.	Errichtung des gouvernement révolutionnaire: der Wohlfahrtsausschuß erhält weitreichende Vollmachten
Nov./Dez.	Kampagne einer Gruppe um Danton gegen den Terror
4. 12.	Verfassung des gouvernement révolutionnaire

1794

4. 2.	Dekret über die Abschaffung der Negersklaverei in den Kolonien
10. 2.	Selbstmord von Jacques Roux im Gefängnis
26. 2.	Auf Vorschlag von Saint-Just erklärt der Konvent die Beschlagnahmung des Eigentums von verdächtigen Personen (Ventôse-Dekrete)
13. 3.	Verhaftung von Hébert und seinen Anhängern (Hinrichtung am 24. 3.)
30. 3.	Verhaftung Dantons u. s. Anhänger (Hinrichtung am 5. 4.)
13. 4.	Hinrichtung von Chaumette
8. 6.	Fest des „Höchsten Wesens"
10. 6.	Die „Grande terreur" beginnt
26. 6.	Entscheidender Sieg der Revolutionstruppen bei Fleurus in Belgien über Österreich
23. 7.	Veröffentlichung des Maximums der Löhne
27. 7.	9. Thermidor des Jahres II: Sturz Robespierres und seiner Anhänger
28. 7.	Beginn der Herrschaft der sog. „Thermidorianer"
11. 11.	Schließung des Pariser Jakobinerclubs
8. 12.	Die am 2. 6. 1793 ausgeschlossenen girondistischen Abgeordneten werden wieder in den Konvent aufgenommen
24. 12.	Abschaffung der Maximum-Gesetze

1795

1. 4.   12. Germinal: Erfolgloser Aufstand der Sansculotten ge-
          gen den Konvent
5. 4.   Friede von Basel: Ausscheiden Preußens aus der antifran-
          zösischen Koalition
16. 5.   Errichtung einer batavischen Tochterrepublik
20.–23. 5. Prairialaufstand der Sansculotten, der niedergeschlagen
          wird
22. 7.   Friedensschluß mit Spanien
22. 8.   Verkündung der Direktorialverfassung
5. 10.   13. Vendémiaire: erfolgloser royalistischer Aufstand in
          Paris
31. 10.   Bildung des ersten Direktoriums, bestehend aus: Barras,
          Reubell, Letourneur, Carnot, Lareveillière-Lepaux

1796

10. 5.   Verhaftung Babeufs und seiner Anhänger
31. 12.   Errichtung der Cispadanischen Republik (Mittelpunkt:
          Bologna)

1797

21. 5.   Verurteilung Babeufs zum Tod (Hinrichtung am 27. 5.)
6. 6.   Errichtung der Ligurischen Republik (Genua)
9. 7.   Errichtung der Cisalpinischen Republik (Verschmelzung
          der Ligurischen mit der Cispadanischen Republik)
15. 7.   Ernennung Talleyrands zum Außenminister
4. 9.   18. Fructidor: Staatsstreich der Direktoren Barras,
          Reubell und Lareveillière-Lepaux mit Unterstützung
          Bonapartes
17. 10.   Friede von Campo Formio zwischen Frankreich und
          Österreich. Anerkennung der Rheingrenze

1798

9. 2.   Errichtung der Helvetischen Republik
15. 2.   Errichtung der Römischen Republik
19. 5.   Einschiffung Bonapartes und seiner Armee nach Ägypten

1799

23. 1.   Errichtung der Parthenopeischen Republik (Hauptstadt
               Neapel)
März-August   Niederlagen der französischen Truppen auf allen Kriegs-
               schauplätzen, danach Stabilisierung der Lage
8. 10.   Rückkehr Bonapartes aus Ägypten
9. 11.   18. Brumaire: Staatsstreich Napoleon Bonapartes mit Un-
               terstützung von Sieyes, Talleyrand, Fouché. Auflösung
               des Direktoriums
15. 12.   Bonaparte erklärt die Revolution als auf ihre Grundsätze
               zurückgeführt und damit beendet.

IX. Register

a) Personenregister

Acton, J.E.E.D. 14, 110
Ado, A.V. 30, 84, 94, 117
Alekseev-Popov, V.S. 30, 117
Amann, P. 103, 104, 108
Antoine, M. 81
Arnault, R. 119
Aubert, G. 102
Aubry, O. 14, 19, 110
Aulard, A. 14, 22, 23, 66, 92, 110, 112

Babeuf 24, 27, 30, 36, 117, 119, 125
Baehrel, R. 84
Bailly 19
Baldinger, K. 119
Barber, E.G. 113
Barnave, A.P.J.M. 36, 90, 112
Barras 90, 125
Barruel, Abbé 17
Barthou, L. 115, 119
Bastid, P. 116
Bastier, J. 84
Bauer, B. 28
Becker, O. 112
Beik, P.H. 111
Ben-Israel, H. 108
Bérenger de la Drôme, M. 112
Bieberstein, J.R. von 55, 114
Bien, D.D. 37, 50, 57, 59, 60, 114
Biro, S.S. 115
Blanc, L. 13, 23, 109
Bloch, M. 38
Bock, H. 108
Bois, P. 84
Bonald, de 17

Bonaparte, L. 69
Bonaparte, s. Napoleon
Bosher, J. 81, 118
Bouloiseau, M. 14, 102, 110, 114, 115, 116, 119
Bourdon, J. 107, 108
Boursin, E. 107
Braesch 48, 114, 118
Braudel, F. 38
Brette, A. 112
Brienne, Loménie de 121
Brinton, C. 14, 37, 108, 110
Brissot, J.-P. 112, 123
Brogan, D.W. 17, 113
Bruhat, J. 98
Brunner, O. 119
Buchez, P.-J.-B. 111
Burke, E. 16, 17, 20
Burr, G.L. 113

Cahen, L. 111
Calonne 81, 113, 121
Calvet, H. 102, 108
Carlyle, Th. 13, 109
Carnot 125
Caron, P. 100, 103, 105, 107, 112
Casanova, A. 109
Cassirer, E. 113
Cavaciuti, L. 119
Cavanaugh, G.J. 108
Casalès 15
Challamel, J.B.M.A. 107
Chaplain, J. Le 107
Charavay, E. 111

b) Sachregister

Feststehende Ausdrücke (z.B. Ancien Régime, Grande Peur, Siebenjähriger Krieg) sind unter ihrem ersten Buchstaben eingeordnet.

Günther Haensch · Alain Lory

Frankreich

Band I: Staat und Verwaltung

1976. Etwa 250 Seiten (Beck'sche Schwarze Reihe, Band 148)

Als erster Band einer Reihe über Landeskunde behandelt dieses Buch in übersichtlicher und verständlicher Weise die Entwicklung von Staat und Verwaltung in Frankreich von der Französischen Revolution bis zur Gegenwart. Es stellt die heutigen Strukturen, Institutionen und Probleme dar, weist auf Diskrepanzen zwischen Verfassungstext und Verfassungswirklichkeit hin und bringt im Anhang Karten und wichtige Verfassungstexte in deutscher und französischer Sprache.

Aus dem Inhalt: Bedeutung der Verfassungsgeschichte – Grundzüge der Verfassung von 1958 und Verfassungsänderungen – Die Exekutive – Das Parlament – Andere zentrale Staatsorgane – Das französische Gerichtswesen – Die Gebietskörperschaften – Die Region – Die überseeischen Gebiete

Verlag C. H. Beck München

Rudolf Baehr

Einführung in die französische Verslehre

1970. 110 Seiten (Beck'sche Elementarbücher)

„Was Rudolf Baehr hier vorlegt, ist das inhaltlich zuverlässige und pädago-
gisch gelungene Handbuch, das nicht nur jeder Student der französischen
Philologie besitzen sollte, das vielmehr auch jedem, der französische Versdich-
tungen verstehen und deuten will, ein zuverlässiger Wegweiser sein wird."

Hans Rheinfelder in Die neueren Sprachen

Carlo Tagliavini

Einführung in die romanische Philologie

Studienausgabe. XXXVIII, 592 Seiten (Beck'sche Elementarbücher)

Die „vorliegende Übersetzung von Tagliavinis Standardwerk" ist „eine der
begrüßenswertesten Veröffentlichungen der letzten Jahre auf romanistischem
Gebiet. Das Buch darf ... in der Bibliothek keines Romanisten fehlen".

J. Kramer in Neusprachliche Mitteilungen aus Wissenschaft und Praxis

Gerhard Rohlfs

Romanische Sprachgeographie

Geschichte und Grundlagen, Aspekte und Probleme.
Mit dem Versuch eines Sprachatlas der romanischen Sprachen.
1971. XXIV, 235 Seiten mit 100 ganzseitigen Karten
(Handbücher für das Studium der Romanistik)

Gerhard Rohlfs

Rätoromanisch

Die Sonderstellung des Rätoromanischen zwischen Italienisch und Französisch.
Eine kulturgeschichtliche und linguistische Einführung.
1975. XVI, 104 Seiten mit 3 Karten
(Handbücher für das Studium der Romanistik)

Verlag C. H. Beck München